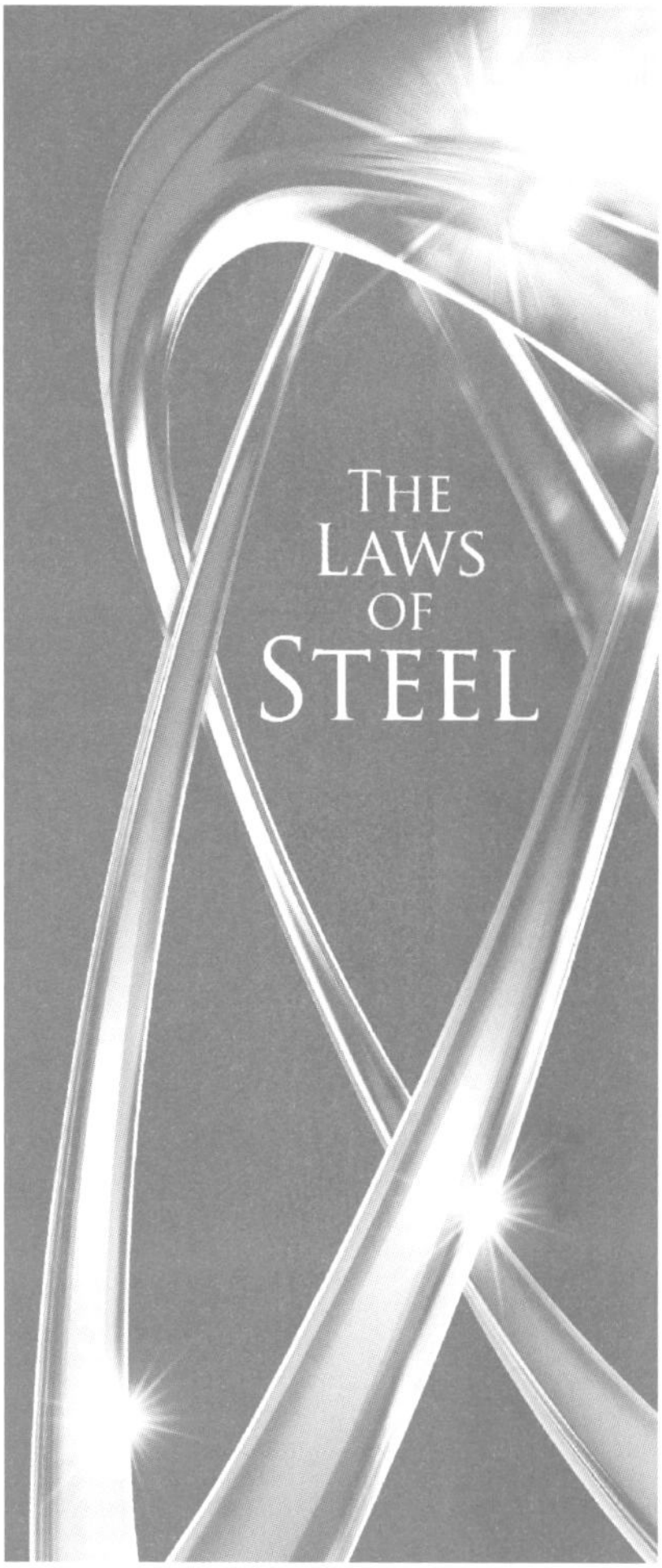

人生をしなやかに、力強く生きる

鋼鉄の法

LIVING WITH RESILIENCE AND STRENGTH

RYUHO OKAWA
大川隆法

まえがき

本書は、あなたがたが、人生をしなやかに、かつ、力強く生きていくための教えである。

決して難しい言葉は使わなかったし、教えは具体的《ぐたいてき》で、いろんな人々にあてはまる実例に充《み》ちている。

信仰心の大切さがわかるか。神仏《しんぶつ》の実在を信じながらも、自分に対しては、『原因と結果の法則』を受け止められるか。

政府からもらうことばかりを考えている「政治」の常識への厳しい批判が理解できるか。

どの国の人々も、国際政治の中を生き抜いている現実がわかるか。そして、最後にして最大の世界宗教が、まっ赤な鋼鉄《こうてつ》のように、ハンマーでたたかれながらその柱を立ち上げつつあることがわかるだろうか。

二〇一九年　十二月

幸福《こうふく》の科学《かがく》グループ創始者兼総裁《そうししゃけんそうさい》　大川隆法《おおかわりゅうほう》

鋼鉄の法　目次

第2章　原因《げんいん》と結果の法則《ほうそく》

――相応《そうおう》の努力《どりょく》なくして成功なし

第3章 高貴なる義務《ぎむ》を果《は》たすために
——価値《かち》を生んで他に貢献《こうけん》する「人」と「国」のつくり方

第4章 人生に自信を持て
――「心の王国」を築《きず》き、「世界の未来デザイン」を伝《つた》えよ

第5章　救世主《きゅうせいしゅ》の願《ねが》い

――「世のために生き抜く」人生に目覚《めざ》めるには

第6章　奇跡を起こす力
――透明《とうめい》な心、愛《あい》の実践、祈《いの》りで未来を拓け

第1章

繁《はん》栄《えい》を招《まね》くための考え方

――マインドセット編《へん》

THE MINDSET TO INVITE PROSPERITY

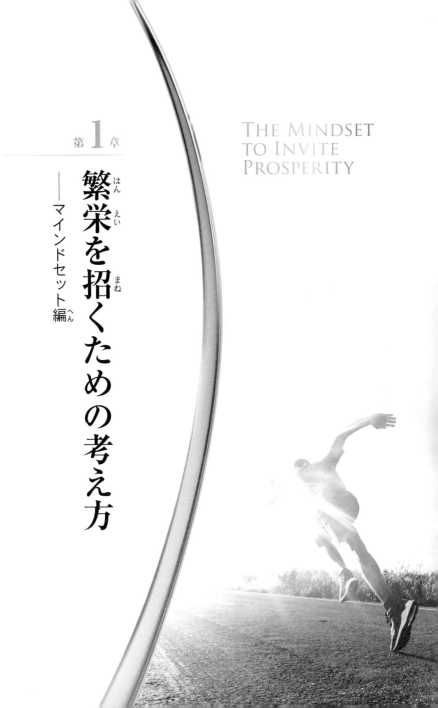

1 「幸福」も「繁栄《はんえい》」も自分の内側《うちがわ》にある

あなたの心境《しんきょう》によって話の入り方が違《ちが》ってくる

本章では、「繁栄《はんえい》を招《まね》くための考え方――マインドセット編《へん》――」と題して、主として理念《りねん》的なところ、考え方のところを中心的に述《の》べていきたいと思います。

この種《しゅ》の話というのは、毎年毎年、もしくは、何年かに一度でも、違《ちが》ったかたちでもよいから頭に入れておかないと、忘《わす》れてしまうものです。

みなさんのそのときの心境《しんきょう》や境遇《きょうぐう》によっては、言われていることが入ってこないこともあるでしょうし、たまたまタイムリーな時期に当たった場合には、ズバッと分かることもあると思います。そういう意味で、「いつ身につくか」「いつ納《なっ》得《とく》がいくか」というのは、人によって、時期に違いがあるわけです。

要《よう》するに、「何度も読んだ」と思う話でも、その人のそのときの心境によって入り方が違いますし、まったく入らないときもあるということです。

そういうことを前置《まえお》きとして言っておきたいと思います。

「幸福をつかまえようとする子猫《こねこ》の話」が教える人生の智慧《ちえ》

さて、「繁栄のための考え方」というのは、「幸福」を追い求《もと》めるのと似《に》たところがあります。

幸福について、以前《いぜん》、私は、「猫《ねこ》のたとえ」を使って、月刊《げっかん》「幸福の科学」の巻頭言《かんとうげん》（「心の指針《ししん》」）にも書いたことがありますが、それは、次のような内容《ないよう》です。

「『猫にとっての幸福はしっぽなのだ』と気づいた子猫は、『何とかして幸福を

●心の指針　『心の指針 第七集 幸福のしっぽ』（宗教法人幸福の科学刊）参照。

つかまえてやろう』と思い、自分のしっぽを追いかけるけれども、追いかけても追いかけても、クルクル回るだけで、どうしてもしっぽをつかまえられない。それを見ていた年取った猫は、『諦《あきら》めて、自分のやるべきことをやって、トコトコとまっすぐ歩いていけば、しっぽは後ろからついてくるものなのだよ』と教えた」

これは、アメリカの心理学者が書いた本のなかにあったたとえ話であり、私が若《わか》いころに読んだなかで、非常《ひじょう》に印象《いんしょう》に残《のこ》ったものの一つでした。

不思議《ふしぎ》なことに、「幸福」は、追いかけ回っているときには逃《に》げていきますが、気にしないで、普通《ふつう》に、当たり前に、どんどん前に歩いていると、すぐ後ろからついてくるのです。

「幸福」とは、すでに自分が所有《しょゆう》しているものであり、猫のしっぽのように自分に付《つ》いているものなので、真っ当に、当たり前に歩んでいけば、ずっとついてくるわけです。

ところが、「幸福は自分の外側《そとがわ》にある」と思って追いかけていると、逃げてしまいます。そして、猫のように何度もクルクル回っているうちに目を回してしまい、とうとう、「幸福というのは、つかまえられないものだな」と思って、諦めてしまうことがあるわけです。

要するに、「幸福というものは、本来は自分のなかにあって、自分に付属《ふぞく》しており、すでに持っているものだけれども、つかもうとすると、つかめない。しかし、つかもうと思わずに、ごく当たり前の生き方、すなわち、当たり前に勉強し、当たり前に仕事をし、当たり前に行動し、当たり前に考えて、やるべきことを普通にやっていると、気がつけば自分についてきている」。幸福とは、そういうものなのです。

人生を四十年、五十年、六十年、あるいはそれ以上生きた人がこうした話を聞くと、「ああ、そのとおりですね」と、思い当たることがあると思います。

特《とく》に、若いころは、「幸福のしっぽ」を一生懸命《いっしょうけんめい》追いかけているのですが、クルクルクルクルクル回ってしまい、いつまでたっても噛《か》みつくことができずに、悔《くや》しい思いをすることもあるでしょう。「もうすぐ届《とど》きそうな気がするのに、噛もうとしたら、しっぽが逃げる。『このしっぽめ！』と思って、追いかけても追いかけても、追いつかない」といった感じかもしれません。

ところが、「しっぽなんか、くわえられなくてもいいや。しっぽをつかまえたら幸福になれると思ったけれども、気にしないで、やるべきことを毎日やらなくては駄目《だめ》だ」と思い直してやっていると、やがて、「しっぽなんて、自分の思うとおりにいくらでも動くものだ」ということが分かってくるようになります。

これは、すべてに展開《てんかい》できる、ものの考え方なのです。

繁栄《はんえい》は、「どこかはるか遠く」にあるわけではない

本章のテーマである「繁栄《はんえい》」も、幸福の一つの花開き方ではあります。

ただ、「繁栄」という言い方をすると、個人《こじん》的な満足《まんぞく》を超《こ》えて、もっと広いものも入ってくると思うのです。話としては、家族や会社、さらには、もっと大きな国の繁栄などまで入ってくる可能《かのう》性はあります。

そのように、規模《きぼ》としてはいろいろあると思いますが、「考え方」としては、先ほどの話と似たところがあるのです。

「繁栄」もまた、すでに自分に内在《ないざい》していて、その気になればついてくるものであるのに、それが分からず、「山のあなたの空遠く」、どこかに繁栄があると思って追い求めているような人もたくさんいます。それは、空想的社会主義《しゅぎ》のようなものでしょうか。

●山のあなたの空遠く　ドイツの詩人・作家のカール・ブッセ（1872～1918）作の詩「山のあなた」の一節（上田敏《うえだびん》訳）。

あるいは、「ユートピア」という言葉の語源《ごげん》は、「どこにもない場所」という意味から来ていますが、そうした、「どこかに行けば幸福郷《きょう》が現《あらわ》れて、今、自分の周《まわ》りにはないものが手に入る」といった考え方かもしれません。

ただ、私が『成功《せいこう》の法《ほう》』（幸福の科学出版《しゅっぱん》刊）などのなかに書いた「成功者の町」の話では、「成功者の町には、自分も成功していないと入れない」と言っています。

まだ成功していない人は、「成功者の町に入ったら成功できる」と思って入りたがるのですが、みすぼらしい格好《かっこう》をして、職《しょく》にも就《つ》いておらず、お金も持っていないような状態《じょうたい》で成功者の町に入っても、その町の住人としては認《みと》めてもらえないのです。

成功者の町にやって来た旅人に対して、町長は、次のように教えていました。

「あなたがここに来る途中《とちゅう》に、村があったでしょう。あなたは、そこでもう少し、お金を稼《かせ》ぐなり、身なりを整えるなり、手に職をつけるなり、勉強するなりしなければいけませんでした。そういう『途中の過程《かてい》』が要《い》るのではないですか。それをやってからこちらの町に来ていたら、あなたは仲間《なかま》として迎《むか》え入れられて、われわれと一緒《いっしょ》に成功を味わうことができるのに、なぜ、途中をスルー（通り抜《ぬ》け）して、いきなり来られたのですか。

そんな貧乏《びんぼう》くさい、乞食《こじき》みたいな格好をしていたら、どの家だって、あなたを上げることはできないでしょう。いかにも物欲《ものほ》しそうに歩かれたら、乞食を相手にしているようで嫌《いや》でしょう。

そうではなくて、ピシッと背広《せびろ》にネクタイを着けて、成功したビジネスマンのようにして来たら、『何か、ビジネスのいい話でもあるのかな?』と思って、みんな耳を傾《かたむ》けようとするし、会ってもくれるけれども、そうではなかったら、『何だ?』と思って怖《こわ》がるでしょう。

そういうプロセスがあるのに、それをすっ飛《と》ばして結論《けつろん》だけを手に入れようとしても、なかなかそうはいかないものなのですよ」

これは、別《べつ》のバリエーションの話の仕方ですが、同じことを教えています。

「繁栄」というのは、まいた種子が育って、茎《くき》を伸《の》ばし、葉を伸ばし、つぼみをつけ、それが花開いて満開になっていく、そういった姿《すがた》によくたとえられます。

個人の人生においては、そうした花開く時期を迎えることであろうし、自分がかかわった会社や組織《そしき》であれば、そこに大きな成功をもたらして、みんなが、「前進したね。去年より今年はよくなったね。今年より来年はもっとよくなりそうだね」というような心境を味わえることでもあるでしょう。

あるいは、会社から帰ってきたご主人の話を聞いた奥《おく》さんが、「何だか仕事がうまくいっているみたいね。会社もうまくいっているみたいね」というように感じられるような状態と言ってもよいのではないかと思います。

では、そういう状態になるには、どうしたらよいのでしょうか。

要は、先ほど幾《いく》つか述べたように、「どこか特別なところへ行ったら、ユートピア郷がある」とか、「特別な人に会いさえすれば、打ち出の小槌《こづち》のようなものがもらえる」とかいうわけではないということです。

もちろん、そうした話もあることはあります。例《たと》えば、昔話で言えば、「鬼《おに》と一緒に遊んであげたら、打ち出の小槌をくれた」とか、「山奥まで入《はい》ったら、『養《よう》老《ろう》の滝《たき》』というのがあった。その滝の水はお酒になっていて、じいさまに飲ませると病気が治《なお》った」とかいった話です。ただ、そういう話は、あくまでも「お話として」であって、現実《げんじつ》にはまずないでしょう。

こういった話を現実に置き換《か》えれば、「予期しない成功がたまたま舞《ま》い込《こ》んでくる」というようなことに当たるだろうと思います。もちろん、人生の過程では、そういうこともないとは言えません。

ただ、大勢《おおぜい》の人が求めるべきものではないと言えるでしょう。

2 繁栄《はんえい》するための「成功《せいこう》のサイクル」

映画《えいが》「億男《おくおとこ》」に見るお金についての教訓《きょうくん》

二〇一八年十月には、幸福の科学の映画《えいが》「宇宙《うちゅう》の法《ほう》―黎明編《れいめいへん》―」（製作総指《せいさくそうし》揮《き》・原案《げんあん》 大川隆法）が公開されました。その一週間遅《おく》れで、大友啓史監督《おおともけいしかんとく》の「億男《おくおとこ》」（二〇一八年公開／東宝《とうほう》）という映画が公開となり、競争《きょうそう》しているような状況《じょうきょう》だったのですが、「宇宙の法」のほうが上を走っていて、「億男」は追いつかなかったようではあります。

私も、上映が終わりかけとなったころの平日に、「億男」を観《み》に行きましたが、内容《ないよう》は予想どおりで、「いきなり宝《たから》くじで三億円が当たったら、どうするか」というような話でした。

宝くじで三億円を当てた主人公が、コンピュータで検索《けんさく》して、「宝くじが当たった人は、その後どうなったのか」を調べてみたら、「たいていの場合、不幸《ふこう》になっている」という事例《じれい》ばかりが出てきます。

また、銀行に行っても、「何億円も手にしたら、ろくなことがありませんから」とか、「現金《げんきん》で持たないほうがいい」とか、「銀行に預《あず》けて、運用の仕方を考えよう」とかいったことを言われます。

そこで主人公は、大学の同級生で、ＩＴ関係《かんけい》のベンチャー企業《きぎょう》を立ち上げて実《じっ》際《さい》に大金持ちになった友達《ともだち》に、お金の使い方をどうしたらよいか、訊《き》きに行くことにしました。

原作では、その落研《おちけん》（落語研究会）で一緒《いっしょ》だった大学の同級生は、百五十数億円を儲《もう》けた人ということになっていて、「それだけ儲けた人ならば、お金の使い方を知っているだろう」と思って、十数年間会っていなかったけれども、訊きに行ったわけです。

すると、その友人は、「銀行にお金があるといっても、実際に見たことがないものは実感が湧《わ》かないだろうから、三億円を下ろしてこい」と言うので、そのとおりにしました。

さらに、友人が言うには、「お金っていうのは使ってなんぼで、初《はじ》めて感覚《かんかく》が分かるんだ。まずはお金のありがたみを経験《けいけん》することが大事だ」ということで、彼の豪華《ごうか》なタワーマンションに、キャバクラ嬢《じょう》などを呼《よ》んだり、寿司屋《すしや》を呼んで寿司を握《にぎ》らせたり、バーテンダーを呼んで酒を飲んだりして、どんちゃん騒《さわ》ぎをします。そうしているうちに、主人公はいつの間にか、乱《みだ》れた部屋のなかでガーガー眠《ねむ》ってしまいます。

ところが、翌朝《よくあさ》気がつくと、みな帰ってしまっていて、「あれ？　自分の三億円はどうなったかな？」と思った主人公が、お金を預けていた部屋のなかの金庫を見てみると、三億円がなくなっており、友人もいなくなっていたのです。

「親友だから大丈夫《だいじょうぶ》だろう」と思っていた主人公は、突如《とつじょ》のことにびっくりし、「騙《だま》されたのか」ということで、友人を探《さが》そうとします。

そのお金が戻《もど》ってくるまでの期間の煩悶《はんもん》を描《えが》いた映画でした。

内容を全部言ってしまってはいけないでしょうから、このくらいにしておきますが、「お金で買えないものがある」という結論《けつろん》が、最後《さいご》にちょっとついていました。「信頼《しんらい》や友情《ゆうじょう》などはお金では買えないということを教えたかった」というようなことが、最後に教訓《きょうくん》として出てくるわけです。

確《たし》かに、お金については、そのように考える人もいるかもしれません。

「お金の使い方」を教えてくれる人は、なかなかいない

とはいえ、まず「お金を儲ける」ということが大変《たいへん》であり、お金を貯《た》めたり、儲けたりすること自体、なかなか習慣《しゅうかん》としてできませんし、そもそも、成功《せいこう》しなければお金は入ってこないのです。「お金が貯まっていき、使えるようになる前の段階《だんかい》がけっこう大変だ」と思う人も多いでしょう。

さらに、お金が手に入ったあと、その使い方を教えてくれる人は、現実にはほとんどおらず、私も、お金の使い方を教えてくれる人には会ったことがありません。「お金の儲け方」というような本はありますが、「お金の使い方」を書ける人というのは、まずいないものです。もちろん、使っている人はいるはずですが、「使い方を書いて本を出す」というのは、いやらしすぎるでしょう。

「そんなにお金があるのだったら」ということで、すぐ周《まわ》りから人が寄《よ》ってき

たり、「そんなにお金が余《あま》っているのはおかしい」ということで、税務署《ぜいむしょ》がやって来たりするでしょうから、やはり、そうしたことはお金持ちほど言わないものです。「どう使っているか」については内緒《ないしょ》にしていて、実際には使い方を教えてはくれません。

私自身も、幸福の科学を三十数年間やってきて、動くお金の額《がく》は非常《ひじょう》に大きくなってきましたが、サラリーマン時代は、「お金を貯めること」を一つの目標《もくひょう》として考えていて、「使い方」まではまだ分かりませんでした。

実際に事業をやっていくと、「大きくなってきたお金を何に使うか」というところについては、本当に誰《だれ》も教えてくれなかったため、自分で決めて実行し、そのあと、「それがよかったかどうか」を自己反省《じこはんせい》しなければいけませんでした。そうしたことを繰《く》り返し経験しています。

ここから先は、もう、勘《かん》と言えば勘の世界です。ただ、人間としての今までの生き方によって、「勘が当たるかどうか」が決まってくると思うのです。

三億円ぐらいが当たったとしても、例《たと》えば、競馬《けいば》・競輪《けいりん》で使ったり、ラスベガスなどで使ったりしたら、そのお金は、あっという間になくなってしまうでしょう。

お金を集め、投資《とうし》し、利益《りえき》を出す「成功《せいこう》のサイクル」の厳《きび》しさ

映画「億男」を観たとき、一緒に行った秘書《ひしょ》に、「三億円が入ったら、あなたはどうする?」と訊いてみたところ、「三億円ですか。うーん、映画でもつくりましょうか」と言われました。

そこで、「ああ、映画か。三億円だと、中くらいの規模《きぼ》の映画はつくれるけど、幸福の科学がつくっている規模の映画はつくれないよ」と言ったら、その秘書は、「ええっ!? そうなんですか」と驚《おどろ》いていました。

映画をつくることも、確かに、お金の使い方の一つではあるでしょう。そのなかには、人々の好《この》みなどからまったく外れた映画をつくって、お金をすってしまう人もいれば、次に続《つづ》いていくような使い方ができる人もいますし、お金をものすごく膨《ふく》らませることのできる人もいます。

数千万円を使って映画をつくり、何十億円も儲ける人もたまにはいますが、たいてい、「収支《しゅうし》トントン」まで行くのはなかなか厳《きび》しい状況です。監督の仕事のほとんどは、スポンサーからお金を集めてくることです。撮影《さつえい》よりも、お金を集めることのほうが大変なのです。

日本の映画では、「製作総指揮」という立場の人がいることはほとんどなく、めったに見ません。「製作総指揮」が必《かなら》ずいるのは、幸福の科学の映画ぐらいです。あとは、「るろうに剣心《けんしん》」のシリーズ（ワーナー・ブラザース映画）には、「製作総指揮」というかたちで外国人のスポンサーがついていました。

「製作総指揮」は、ほとんどがスポンサーですが、「映画をどのようにつくりたいか」ということについて、少しは口を出し、「ハリウッド系《けい》の感じでつくってくれ」などと言う人はいるだろうと思います。

私も、ほとんどスポンサーだと思われているでしょうし、「それでも結構《けっこう》だ」とは思っていますが、いちおう口を出してはいます。

いずれにしても、仕事を続けていくためには、やはり、一定の規模の成功《せいこう》を収《おさ》め続けなければなりません。そうでないと、続けるのは難《むずか》しいのです。失敗《しっぱい》が続くと駄目《だめ》になりますし、クシャッとなってしまうこともあります。

そうしてみると、繁栄《はんえい》していくためには、やはり、「成功のサイクル」をつくっていかなければならないわけです。

例えば、一つの投資《とうし》として、三億円で映画をつくって、それが興行《こうぎょう》収入的に利《り》益《えき》を生めば、また次の映画をつくる勇気《ゆうき》が出てきますし、もっと儲かれば、次の映画の製作費《ひ》まで確保《かくほ》できることもあるでしょう。

ただ、日本映画でそこまで行くことは、めったにありません。その一作で赤字が出ないだけでもありがたいことであり、実際には、製作費が数千万円ぐらいの映画であっても、赤字が出ることがほとんどなのです。本当に人は映画を観てくれないものなので、けっこう厳《きび》しいと思います。

「お金の使い方」に表れるあなたの「人間性」

そのように、まずは、「ある程度《ていど》、お金を稼《かせ》ぐこと、お金を手に入れること」が大事ですが、次に大事なのは「お金の使い方」です。

何かに投資したり、「今、必要《ひつよう》だ」と思われるものを買ったりするときなど、このあたりの判断《はんだん》には個人《こじん》個人の「人間性」がすごく出てきます。

家を買う場合でも、昔の高度成長期などには、「先行き、資産価値《しさんかち》が大きくなっていく」ということが、わりと見えていたので、「銀行から借金《しゃっきん》をし、二十五年ローンや三十年ローンを組んでも、早く家を建《た》てたほうがよい。子供《こども》が成長する間に、住める家があるのはありがたい」という考え方もけっこうありました。

一方、そういう借金を怖《こわ》がり、「子供が大きくなり、社会人になってから、退《たい》職《しょく》後に退職金で自宅《じたく》を買って、老後《ろうご》の余生《よせい》を送る」という考え方の人もいます。

考え方はいろいろですが、とりあえず、各人《かくじん》の「考え方」が結果《けっか》を分けることになっていったのではないかと思います。

3　繁栄《はんえい》を招《まね》く「マインドセット」

あなたのマインドセットが「成功者《せいこうしゃ》になるかどうか」を決める

本章では、マネーについての話ばかりをするつもりはないのですが、その基礎《きそ》にあるメンタルの部分について、もう少し言っておきたいと思います。

成功《せいこう》するための「心のあり方」というか、「心構《こころがま》え」が非常《ひじょう》に大事です。この「心構え」のところが、「繁栄《はんえい》を招《まね》くための考え方」になるわけです。

「どういうメンタル・アティテュード（精神態度《せいしんたいど》）、あるいはマインドセット（気持ちの持ち方）を持つか」ということが、実際《じっさい》には「成功者になるかどうか」を決めるのです。

これは、言葉としてはそのとおりなのですが、「自分をそのように変《か》えてみろ」と言われたら、そう簡単《かんたん》なことではありません。

先ほど述《の》べたように、誰《だれ》もいないところ、誰も見つけたことのない山奥《やまおく》に入《はい》り、お酒が流れている「養老《ようろう》の滝《たき》」を探《さが》すのも大変ですし、「打ち出の小槌《こづち》」をくれる人と出会うのも大変《たいへん》ではあるのですが、「猫《ねこ》のしっぽ」と同じく、幸福をもたらすもの、あるいは繁栄をもたらすものは、実は自分自身のなかにあるのです。

すなわち、「自分のマインドセット、あるいは、同じことですが、メンタル・アティテュードが、実は、成功や繁栄を導《みちび》き出すのだ」という考え方もあるわけです。

誰《だれ》もが「成功《せいこう》する」と思っている〝方程式《ほうていしき》〟に沿《そ》った結果《けっか》は

では、どういうところに注意したらよいのでしょうか。これを言わなければならないと思います。

誰《だれ》しも、普通《ふつう》はそれが分からないので、「とりあえず、小さいうちから塾《じゅく》に通い、できるだけよい学校を目指し、偏差値《へんさち》の高い学校に入学して卒業証書《そつぎょうしょうしょ》を手にし、就職《しゅうしょく》をきちんと決めれば、それまでの学業の成果《せいか》が認《みと》められ、あとは成功《せいこう》するだろう」と考えがちです。それが〝学歴《がくれき》ママ〟の基本的な考え方ですし、塾業者が夢《ゆめ》で釣《つ》る場合の基本的な言い方ではあります。

もちろん、それも一つだとは思います。

ただ、小学校から塾に通い、中学校も高校も受験《じゅけん》をして進学校に入り、中学校でも高校でも国公立とは違《ちが》う勉強の仕方をし、さらには、塾に通ったり、家庭教《きょう》師《し》から学んだりして、一流大学に入った人は、そのあと、どうなるのでしょうか。

客観《きゃっかん》的に結論《けつろん》を言うと、塾と進学校で絞《しぼ》られ、ひたすら勉強をやって、一流校に行ったとしても、そのあと、誰もが行きたがるような普通の方向へ進んだ場合、最終的《さいしゅう》には、年収《ねんしゅう》が八百万円から千二百万円の間ぐらいのターゲットに収《おさ》まることがほとんどなのです。

それだけの、十数年から二十年近い長期間、尻《しり》を叩《たた》かれながら努力《どりょく》しても、「ほかの人が課長《かちょう》になるところを、自分は部長になれたらありがたいな」と考える程度《ていど》でしょう。会社の規模《きぼ》によっては、「取締役《とりしまりやく》ぐらいになれたらよい」と考えるかもしれませんが、よくてそのあたりでしょう。

また、何かの資格《しかく》を持っていても、年収は、だいたい千二百万円から、よくて二千万円前後でしょうか。

医者などは、もう少し儲《もう》かるような言い方もされますが、「開業医になると、経費《けいひ》も多いので、年間の売上というか収入が四千万円はないと、やっていけない」と言われています。実際上、赤字のところもあります。資金を注入しないと もたず、銀行から借《か》りるなり、お嫁《よめ》さんの実家から応援《おうえん》してもらうなりしないと、病院を経営《けいえい》できないのが普通です。

勤務医《きんむい》だと、給与体系《きゅうよたいけい》が下がるため、サラリーマンより少し高いぐらいのところまでしか行きませんし、定年が来たら辞《や》めなくてはいけなくなるのは、サラリーマンと同じです。それほど儲かるものではありません。

今、「不正入試《ふせいにゅうし》があった」と言われている医学部もありますが、四浪《ろう》も五浪もして元が取れるかどうか、分からない面があるかと思います。

そのように、誰もが「成功する」と思っている〝方程式〟に乗っかっていったとしても、実は、その成功はそれほど大きなものではないのです。それは、「一生、何とか食べていけて、そこそこ見栄《みば》えや聞こえのよいあたりのところに入り、一生、少しだけよい暮《く》らしをする」程度のことです。

要《よう》するに、「子供《こども》も、自分と同じように塾や私立《しりつ》の進学校に通わせ、一流大学に行かせられたらよい」と思う立場に就《つ》くぐらいのことなのです。

結局、そういう循環《じゅんかん》をするようになる人が多いわけです。

「普通《ふつう》の成功《せいこう》から、さらに一歩を進められるかどうか」が分かれ目

ただ、そういうルートを辿《たど》っている人であっても、大学に入ったあと、多少、裏切《うらぎ》られたように感じる人もいます。

自分では「もう少し大きな成功《せいこう》をするのではないか」と思い、それまで一生懸《いっしょうけん》命《めい》に頑張《がんば》って一流大学に入ったのに、入った段階《だんかい》で、周《まわ》りを見て、「あら、自分と同じような人は大勢《おおぜい》いるのだ」と思って、急にカクンときたり、プチッと切れたりしてしまう人はたくさんいるのです。

また、大学時代には何とか粘《ねば》っても、会社などに就職する段階で、気持ちがプチッと切れる人も数多くいます。

世間《せけん》には、例《たと》えば、芸能人《げいのうじん》やスポーツ選手《せんしゅ》、将棋《しょうぎ》指し、小説家《しょうせつか》、画家など、夢

のある職業もあり、それで大いに成功した人は華《はな》やかに見えます。

流行作家になって、ものすごく儲かる人も、たまにはいます。ただ、パーセンテージを考えてみると、作家として成功する打率《だりつ》は、サラリーマンよりずっと悪いのは確実《かくじつ》です。

また、絵を描《か》いて、一枚《まい》に億《おく》の単位《たんい》の値段《ねだん》がつくところまで行くには、「日本国中に核爆弾《かくばくだん》を落とされてもピンピンしているような人」ぐらいの幸運さが必要《ひつよう》でしょう。

芸能界も競争《きょうそう》は厳《きび》しく、安月給で働《はたら》かされたり、「嫌《いや》な仕事であっても全部受けろ！」という感じで働かされたりしているところはたくさんあります。

ですから、よいところばかりを見ても駄目《だめ》です。実際には、どの分野でも競争は激《はげ》しく、失敗《しっぱい》する人はたくさんいるのです。

普通《ふつう》なら「これで成功」と思うあたりのところを最終着地点だと思っていたら、

それは大きな間違いです。「それから先に一歩を進められるかどうか」が、実は大きな分かれ目になるのです。

では、「それから先に一歩を進めるためには、どうするか」というと、このときに大切なのが、先ほど言ったメンタル・アティテュードであり、マインドセットの部分です。「いかにして、人生のなかの取りこぼしを減《へ》らし、プラスの部分を増《ふ》やしていくか」ということに注力していかなければならない時期なのです。

勉強でも仕事でも、始めたばかりの人であれば、実際上、失敗はたくさん起きますが、「そのときに、どのように生きていくか」ということについて、人生指南を受けている人、あるいはマスターしている人と、そうでない人とでは、明らかに差が出てきます。

嫌々ながら勉強していたような人の場合には、たとえよい大学を出ていても、そのあとは大したことがありません。「学歴を勲章《くんしょう》代わりに使うだけで、最終まで行ける」と思っているなら、それは大間違いです。もうとっくに、そんな世の中ではなくなっています。一九九〇年代から、そうではなくなっているのです。

繁栄《はんえい》とは「成功《せいこう》の連続《れんぞく》」「成功を広げていくこと」

繁栄《はんえい》というものは、やはり「成功《せいこう》の連続《れんぞく》」なのです。そして、「自分の成功を、ほかのものにも広げていくこと」です。したがって、自分の部下にも家族にも、あるいは勤《つと》めている会社そのものにも、成功を広げていくことが必要です。

これが繁栄の姿《すがた》なので、「そうしたマインドセットをどうつくるか」ということが実に大事なのです。

一時期、やる気になることはできますし、調子がよいと、それで万々歳《ばんばんざい》ではあるのですが、いつもそういうわけにはいきません。

例えば、運動会で騎馬戦《きばせん》をやっても、「いつも勝ってばかり」ということはありません。勝ったり負けたりします。また、玉入れをやっても、勝ったり負けたりします。マラソンをやってもそうです。勝ったり負けたりします。それと同じなのです。

成功のときには、誰であれ、気分がよく、調子もよいのですが、思わず怪我《けが》をして体が傷《いた》んだり、故障《こしょう》したり、失意に見舞《みま》われたりすることもあります。

ここがポイントです。ここで、どうやって自分を成功軌道《きどう》に持っていくか。ここがいちばん肝心《かんじん》なところだと思うのです。

4　繁栄《はんえい》のマインドセット実践法《じっせんほう》

実践①――自分の「平均打率《へいきんだりつ》」を常《つね》に考えよ

ここで、さらに幾《いく》つかのポイントについて申し上げたいと思います。

これらは、若《わか》いころに私が勉強し、実践《じっせん》もしたことです。また、いろいろなところにおいて、さまざまな角度から説《と》いたことでもあります。

そのなかの一つは、デール・カーネギーがよく言っていることなのですが、「平均打率《へいきんだりつ》というものを常《つね》に考えよ」ということです。

野球の選手《せんしゅ》には、シーズンを通して見たら、スランプのときが必《かなら》ずあり、よく打てるときもあれば、あまり打てないときもあります。

しかし、「自分は、一年が終わったら、だいたい例年《れいねん》と同じぐらいの成績《せいせき》を残《のこ》せる」という自信《じしん》があれば、打てない時期があっても耐《た》えられますし、耐えてコツコツと練習を続《つづ》けたり、休むべきときには休んでいたりするうちに、また回復《かいふく》してくるときが来るのです。

自分の平均打率を信じることができなければ、スランプに陥《おち》ったときに、そのまま〝ドツボ〟にはまってしまうことがあります。しかし、三割《わり》打者としての自信があれば、「自分は必ずカムバックし、秋までには平均打率ぐらいに戻《もど》ってくる」などと思うことができるのです。

仕事でも同じです。仕事で失敗《しっぱい》しても、「今までの実績等から見て、自分は、全体的には、七、八割の割合で成功《せいこう》する。だから、必ず挽回《ばんかい》できる」と思って粘《ねば》っていれば、取り返していけます。

「平均打率の法則《ほうそく》を考えよ」ということ、これが、私が頭に置《お》いていたことの一つです。

私は、これまでに、数多くの作詞《さくし》・作曲を行《おこな》っています。感性《かんせい》が繊細《せんさい》でなければ、そういうことはできないのが普通《ふつう》でしょうし、私も、若いころに詩を書いたりはしていました。

若いときの私は、豪気《ごうき》なように見えるわりには、けっこう繊細でした。わりと言いたい放題に言っているように見えながら、「こんな人だから、何を言ってもいいかな」と思って周《まわ》りが言い返してくると、けっこうグサッと刺《さ》さり、こたえることがわりに多かったのです。

そういうときに、プライドが傷《きず》ついたり、名誉《めいよ》を蹴飛《けと》ばされたように感じたりすることはあるでしょう。

ただ、それを何日悩《なや》むか、あるいは何年引っ張《ぱ》るかということは、その人の自由なのです。十年悩んでも構《かま》わないし、一日で乗り越《こ》えても構わないし、それは

●**数多くの作詞・作曲**……　2019 年１月時点で作詞・作曲した数は 100 曲を超えた。

自分の自由です。そのときに、やはり、自分で乗り越え、「強くならなくてはいけない」と思わなければなりません。

実践②――「死んだ犬を蹴飛《けと》ばす人はいない」と思うこと

そういう悩みのときに、私にとって救《すく》いになった言葉の一つに、デール・カーネギーの「死んだ犬を蹴飛《けと》ばす人はいない」というものがあります。また、これと同じような意味で、「水に落ちた犬を叩《たた》く人はいない」という言い方もあります。

犬がワンワンと元気いっぱいに吠《ほ》えるからこそ、蹴飛ばしてしまいたくなる人もいるかもしれないのであって、すでに死んで道端《みちばた》に転がっている犬を蹴ったり、水に落ちた犬を橋の上からさらに叩いてやろうとしたりする人はあまりいないでしょう。

要《よう》するに、犬ではなくても、人が〝蹴飛ばして〟くるということは、こちらが元気よく〝吠えて〟いる証拠《しょうこ》なのです。相手は、「危《あぶ》ない。噛《か》みついてくるかもしれない」という恐《おそ》れを感じているからこそ、蹴飛ばしたくもなるし、棒《ぼう》で叩きたくもなるわけです。ですから、それは、自分がそれだけ攻撃的《こうげき》に〝吠えて〟いることを意味します。実際《じっさい》はそういうことであり、「死んだ犬を蹴飛ばす人はいない」というのはそのとおりなのです。

さまざまな人からバカにされたり、悔《くや》しい思いをさせられたり、いろいろと言われたりすることもあるかもしれませんが、「自分は、そのように他人《ひと》が気にするほど、気になる存在《そんざい》である」ということを客観的《きゃっかん》に知るべきでしょう。

やはり、目立って気になるからいろいろと言われるのでしょうし、嫉妬《しっと》もあるのかもしれません。また、こちらが傷ついていても、もっと言ってくる人がたくさんいるのは、「こんなものでは、まだまだ分からないだろう」というように考えているからでしょう。すでに〝死んだ犬〟であれば、もはや蹴飛ばしてはこないのに、なおも言ってくるのは、〝死んだ犬〟とは思わず、「このくらい言ったところで、こたえやしない」と思っているからだと思います。

実際、私もまだ二十代前半のころに、四十代の人からいじめを受けるという経《けい》験《けん》をしました。

要するに、「こいつは早めにいじめておかなければ、いつ立場が引っ繰《く》り返るか分からない。こいつが上司《じょうし》になったときには、こちらがやられる番になるから、やれるうちにやっておけ」ということのようでした。こういう考え方もあるのです。私にはそういう考え方はとてもできませんし、「あなたは出世する気がないのですか」と言いたくはなります。

課長職《かちょうしょく》か課長になるぐらいの人が、非常《ひじょう》にやり手でガンガンやっている入社三、四年目の人に対して、「これはいつ逆転《ぎゃくてん》するか分からない。上司になったら、もう目茶苦茶《めちゃくちゃ》にやられるかもしれないから、早めに痛《いた》めつけておけ。干《ほ》し上げてやろう」とばかりに、三人がかりで意地悪をしにやってくるわけです。「こんなことをするのか。本当にこんな人がいるのか⁉」と、私も唖然《あぜん》としました。

〝私の辞書《じしょ》〟にはそういう言葉はなかったので、「十五歳以上《さいいじょう》も年下の人を叩き落とさないと脅《おびや》かされるような気がするのですか。それがそんなに大変《たいへん》なことなのですか。その人が偉《えら》くなるころには、自分たちはすでにいなくなっているでしょうが。つまり、関係《かんけい》ないのだから、職場ではそんなに意地悪をせずに、仲良《なかよ》くできたほうがいいじゃないですか」と思いました。

そのように、私にはちょっと考えられないようなことでしたが、マイナスのことを前倒《まえだお》しで一生懸命《いっしょうけんめい》やっているのが見え見えの人が、けっこういたのです。

これは、やはり、〝犬がまだ水に落ちていない〟と思って棒で叩いている口でしょう。「こいつはまだまだ叩いておかなければ、嚙みついてくるかもしれない。

もうちょっとおとなしくさせられないか」と思ってやっているわけです。そのようなことで、私もやられました。

ただ、自分としては、「私はこんなにナイーブなのに、どうして、そういうふうに思われなければならないのか」と思ってはいたのです。

私としては、愛社心《あいしゃしん》が強かったので、「会社のために」と思って一生懸命にやっていたのであり、自分のためだけにやっていたわけではありません。要するに、自分が儲《もう》けた分だけもらえるような会社ではなく、それは全体のなかに吸収《きゅうしゅう》されるので、儲けても本人には関係がないのです。だから、私の頑張《がんば》りは、周りの人たちの給与《きゅうよ》やボーナスにも反映《はんえい》されることでもあったわけです。私はそう思っていたのですが、そうは思わない人もいたということです。

ただ、そんな目に遭《あ》ったとしても、立ち直ることは大事だと思います。そのあたりのことを、デール・カーネギーは、「死んだ犬を蹴飛ばす者はいない」と言っていたわけです。

実践③――「おがくずを挽《ひ》こう」とせず、教訓《きょうくん》を抽出《ちゅうしゅつ》すること

また、カーネギーは、「おがくずを挽《ひ》こうとするな」ということも言っていました。

「おがくず」というのは、丸太を鋸《のこぎり》で挽いたときに出てくるものです。

彼は、「世の中には、〝おがくず〟を挽いている人がたくさんいる」と言うわけです。

おがくずになってしまった木は、風呂《ふろ》の焚《た》きつけぐらいならできるかもしれませんが、もはや、おがくず以外での使い道はありません。ところが、すでにおがくずになってしまったものを、まだ鋸で挽こうとする人がいるというわけです。

振《ふ》り返ってみれば、そういうことはあるのではないでしょうか。

一年前の失敗、五年前の失敗、あるいはもっと以前の失敗など、いろいろあると思いますが、そこまで遡《さかのぼ》って、「あのときのあの失敗のおかげで、自分はこうなった」というように、もはや過《す》ぎ去ってどうにもならないようなことを考える人がいます。そのときに、ときどき、「自分は、丸太を挽いているのではなく、おがくずを挽いていないかどうか」ということを、しばし考えてみることです。私もこうしたことをよく考えていました。

確《たし》かに、事業が倒産《とうさん》することもあるでしょう。会社が破産《はさん》したあと、雇《やと》われの身になって働《はたら》く人もいれば、再起《さいき》して会社を起こす人もいるかもしれません。

いずれにしても、失敗した場合、〝おがくず〟はもう挽けないので、そこから教訓《きょうくん》だけは抽出《ちゅうしゅつ》したほうがよいけれども、そのあとは、おがくずはおがくずとして処理《しょり》することが大事だと思います。

ただ、そのときに、しつこすぎる人がいるのです。愚痴《ぐち》を言っている人はほとんどそうでしょう。このようなことがあります。

実践④――運命の〝レモン〟をレモネードに変《か》えよ

カーネギーの言葉でもう一つ、私の説いている「常勝思考《じょうしょうしこう》」にもつながる考え方として学んだものがあります。それは、「運命がレモンをくれたら、それでレモネードをつくれ」という言葉です。これも、若いころからずっと考え続けてきました。

この「レモン」という言葉には、英語《えいご》で「酸《す》っぱいもの」とか「役に立たないもの」とかいう意味があります。

例《たと》えば、「この車は〝レモン〟だ」と言ったら、「欠陥車《けっかんしゃ》」という意味になります。そのように、英語で「レモン」というのは、だいたいよい意味では使われないのです。日本ではもう少しよい意味かと思うかもしれませんが、英語で「レモン」というと、「駄目《だめ》な」「酸っぱい」「使い道がない」「欠陥車」「欠陥品」というような意味になり、「こいつは〝レモン〟だ」と言えば、「もう駄目だ」という感じのイメージなのです。

しかし、カーネギーの本では、「運命がレモンをくれたら、このレモンを悔《く》やまずに、それからレモネードをつくることを考えよ」というように説かれています。少なくとも、レモンを搾《しぼ》って、水と砂糖《さとう》でも入れたらレモネードはできるし、商売としてこれを売ることもできます。

要するに、その「苦《にが》いもの」を、自分にとっての楽しいこと、快楽《かいらく》、あるいは喜《よろこ》びに変《か》えることもできれば、さらに、それを商売のネタに変えることもできるということです。

宗教家《しゅうきょうか》を三十数年もやっていると、まさしくそういうことを感じます。過去《かこ》の失敗した数々や、怒《おこ》られた数々、叱《しか》られた数々はありますが、これほど〝おいしい〟ものはないというか、むしろ、こういうものがなかったら、宗教家としてやっていられないわけです。「もう何をやっても成功しまして」という人ならば、「ああ、そうですか。結構《けっこう》ですね。ご苦労《くろう》さまでした」と言われたら、それで終わりでしょう。

ですから、人には言えない九十パーセントの部分、隠《かく》れた懐《ふところ》というものを持っていて、「実は、ここにも、ここにも、ここにもございまして」というように、失敗話を出すことができるかどうかなのです。

例えば、「振られた女の子の数は三人と言っていたけれども、実は三十人で……」といった話を、懐からいくらでもハンカチを出してくる手品《てじな》のようにすることができる感じでしょうか。そういうものを数多く持っていると、現実《げんじつ》に、話の種《たね》が尽《つ》きることはないわけです。

実際は、失敗したらつらいものです。「失恋《しつれん》してもつらいし、降格《こうかく》されてもつらいし、給料《きゅうりょう》を下げられてもボーナスを下げられてもつらいし、悪口を言われてもつらいし、離婚《りこん》になってもつらいし、子供《こども》の出来が悪くてもつらいし……」という感じで、つらいことなど、もういくらでもあるでしょう。しかし、そうしたことを、〝レモン〟として酸っぱいままで味わっていてはいけません。やはり、その運命の〝レモン〟を、レモネードに変えなければならないのです。

したがって、「これをおいしい飲み物に変える工夫《くふう》をしよう」という常勝思考的な努力《どりょく》をし、「何か自分の次の仕事のヒントにできないか」、「自分の次のチャレンジのヒントにできないか」、あるいは、「同じ失敗をしないようにできないか」というように、これをよい方向で教訓に使えないかどうか、まずは自分自身に役立てることを考えてください。

さらには、それをもう一段《いちだん》、普遍《ふへん》化・抽象《ちゅうしょう》化することによって、他の多くの人々にも使ってもらえるような考え方や生き方などを編《あ》み出せないか、一つの流《りゅう》派《は》がつくれないかどうかを考えるのです。

私は宗教家をしていますが、そのようにすれば、ほかの道でも、おそらく成功すると思います。

事業家になっても、いろいろな仕事をしていくうちに数多くの失敗をするかもしれませんが、その教訓を生かして成功の道は拓《ひら》けるでしょう。また、政治家《せいじか》になっても、落選したり、人からいろいろと罵倒《ばとう》されたり悪口を言われたり、あるいは選挙《せんきょ》で最下位《さいかい》になったりしても、その悔しさをバネにして、ほかの人と何が違《ちが》うかを比《くら》べてやっているうちに、だんだんよくなっていくものもあると思うのです。

この「運命がくれたレモンをレモネードに変える法」をマスターすることができたら、それは「養老《ようろう》の滝《たき》」のように、お酒が流れている滝を見つけたことにも相当するでしょうし、「打ち出の小槌《こづち》」のように、振れば振るほど小判《こばん》が出てくるようなものを手に入れたことにもなるでしょう。

ですから、「宝《たから》くじが当たるのを待っている必要《ひつよう》はまったくない」のであって、〝振れば出てくる宝〟は、本当にたくさんあるということです。

5 身近にある「繁栄《はんえい》の種《たね》」に気づく習慣《しゅうかん》をつくる

人生において経験《けいけん》することに、無駄《むだ》なことなど何一つありません。

成功《せいこう》したことは成功したこととして、それを次の成功のバネに使えばよいわけであって、さらなる成功のために、それを足場としてしっかり使えば、もっとよい成功を収《おさ》めることができるでしょう。

また、失敗《しっぱい》したとしても、それを上手《じょうず》に使い、自分の心のひだを増《ふ》やして心を豊《ゆた》かにし、話の種《たね》も豊かにして、人との付《つ》き合いや交渉術《こうしょうじゅつ》等、いろいろなものに進化・発展《はってん》させていくことができます。そうしたものが、人生成功の道になるのです。

ですから、〝億男《おくおとこ》〟になる道は、決して宝《たから》くじを当てることではありません。あなたがたの「生き方」そのものなのです。

塾《じゅく》へ行き、進学校へ行き、東大や京大、早稲田《わせだ》大や慶應《けいおう》大などの一流校へ行ったとしても、普通《ふつう》の人の場合は、せいぜい、管理職《かんりしょく》に就《つ》いて八百万円から千二百万円ぐらいまでの範囲《はんい》の年収《ねんしゅう》を得《え》られれば、まあまあ成功のうちであり、そこまで行かずにドロップアウトする人も、何割《なんわり》かはいると思います。だいたいその程《てい》度《ど》の成功なのです。

それ以上《いじょう》の成功をしたいと思うなら、あなたのマインドセットを変《か》えたほうがよいでしょう。

そのマインドセットとは何でしょうか。

繁栄《はんえい》のもとは、「山のあなたの空遠く」にあるわけではなく、人が見ていないような、どこかの奥山《おくやま》を分け入《い》れば見つかるというものでもありません。

今、あなたのなかに、あるいは、あなたの周《まわ》りに、あなたの家庭に、あなたの家族に、あなたがしている仕事に、まさにそのなかにこそ、「繁栄の種」はあるということです。それに気づくことです。

こういう習慣《しゅうかん》を身につけてください。こういう考え方をするようにしてください。そうすると、あらゆるものがチャンスに変わります。そのように考え方を変えていってほしいと思います。

本章では、理論《りろん》的なかたちでの「繁栄を招《まね》くための考え方」を述《の》べました。これをよく考えて、実践《じっせん》してくだされば幸いです。

考え方は非常《ひじょう》に強い力を生む

未来《みらい》が肯定《こうてい》的か否定《ひてい》的か、楽観《らっかん》的か悲観的か、
幸福であるか不幸《ふこう》であるかは、あなたの「心の種子《しゅし》」によります。
未来を幸福なものにしようと思うならば、
肯定的な種子を心のなかにまき、育てなければいけません。
その種子を育てるには、常《つね》に繰《く》り返し考えることです。

悲観的な想念《そうねん》に負けそうになったときには、
それに負けないだけの肯定的な想念を自家発電しなければいけません。

それは、気力を出すことであり、努力《どりょく》をすることです。
そして、今日できることをやり、明日《あした》の希望《きぼう》を考えることです。
マイナスの考え方に支配《しはい》されそうになったら、
それと戦《たたか》うプラスの考え方を出していくこと、
発信《はっしん》していくことが大切です。

人間は、心のなかで、
矛盾《むじゅん》する二つのことを同時に思うことはできません。
幸福な人が不幸になることも、
不幸な人が幸福になることもできないのです。
また、笑《わら》いながら悲しい話をすることも、

悲しい顔をして涙《なみだ》を流しながら楽しい話をすることもできません。
人間は一度に一つのことしか思うことができないのです。
したがって、心のなかを占《し》めているものが
いったい何であるかが非常《ひじょう》に大事になります。

肯定的な自己像《じこぞう》を持ち、
「自分がもっと発展《はってん》し、成功《せいこう》し、世の中の役に立ち、
幸福になっていくことが、周《まわ》りの人も幸福にしていく」
という映像《えいぞう》を、常にしっかりと描《えが》き続《つづ》けることです。
たとえ否定的な想念に負けそうになっても、
勇気《ゆうき》を起こして、また肯定的な想念を発信しなければいけません。

それがこの世においてできたならば、あの世においてもできるのです。
それは人生における勝利《しょうり》そのものだと言えます。

運命を逆転《ぎゃくてん》させるためには、
心構《こころがま》えや考え方をどのようにつくっていくかが非常に大事なのです。

「考え方は非常に強い力を生むのだ」ということを
学んでいただければ幸いです。

第2章

原因《げんいん》と結果《けっか》の法則《ほうそく》

——相応《そうおう》の努力《どりょく》なくして成功《せいこう》なし

THE LAWS OF CAUSE AND EFFECT

1　三十数年で三千回の説法《せっぽう》を積《つ》み重ねる努力《どりょく》とは

幸福の科学拡大《かくだい》の起点となった最初《さいしょ》の説法の未熟《みじゅく》と緊張《きんちょう》

一九八六年十一月二十三日に、「幸福の科学発足記念座談会《ほっそくきねんざだんかい》」として最初《さいしょ》のお話をしたのですが、それが幸福の科学の「初転法輪《しょてんぼうりん》」に当たります。

思い返してみますと、そのときに集まったのは八十七人でしたが、全国各地《かくち》から来てくれました。「この百人足らずの人が話を聴《き》いてくださったのが、幸福の科学ができていく始まりであった」ということを思い返すと、感慨《かんがい》深いものがあります。

情《なさ》けない話ではありますが、座談会の前には、私自身が出家《しゅっけ》しているくせに、

「これに失敗《しっぱい》したら、しばらく隠遁《いんとん》しようか」とも思ったりしていたぐらいでした。北海道から九州まで、九十人弱の方が集まった座談会でしたが、何せ、全国から来た見知らぬ人たち、自分よりも年上の人が多い集まりのなかで話をするというのは初《はじ》めての体験《たいけん》だったので、成功《せいこう》するかどうかも分からなかったのです。

実際《じっさい》、そのときの説法《せっぽう》を考えてみれば、まだ説法技術《ぎじゅつ》が未熟《みじゅく》であり、緊張《きんちょう》して、しゃべるのがすごく速《はや》くなりすぎていました。説法と質疑応答《しつぎおうとう》で二時間四十分ぐらい話していますが、口が速すぎて速すぎて、今なら、おそらく本一冊《さつ》分を超《こ》えているぐらいの量《りょう》をしゃべっていたでしょう。確《たし》かに、あがっていたのだとは思います。

やはり、自分としては「技術が未熟で、あまりうまくなかったかな」と思って、その後も、初転法輪の説法のＣＤやＤＶＤ等は出していません。実は、それを観《み》たり聴いたりすると、死にたくなるぐらい恥《は》ずかしく、未熟なので嫌《いや》になるのです。

田舎《いなか》の母も、その映像《えいぞう》を見て、「ああ、もうこれ以上《いじょう》、観たくない」と言っていました。私が緊張しているのが分かって、伝《つた》わってくるからか、「心臓《しんぞう》が苦しくなる」と言っていたのです。おそらく、そうだろうと思います。私があがっているのがよく分かったのでしょう。

ただ、そういうマイナス点を差《さ》し引いても、プラスのほうが少し多かったらしく、交通費《ひ》をかけて来てくださった方々に真理の火が灯《とも》って、全国に広がっていったという感じにはなったかと思います。

設立当初《せつりつとうしょ》から「何も考えずに演台《えんだい》に立て」と言う支援霊《しえんれい》たち

その当時のことを考えると、もし、その時点で、私が現在《げんざい》いろいろな仕事をやっているように、「あなたは、今後、これこれ、こういうことをするのですよ」

といったことをはっきりと言われたら、受け入れたかどうかと考えると、何とも言えないですし、「そんなことも、いつかはあろうかなあ」というぐらいにしか思えなかったでしょう。

例《たと》えば、今は、「御生誕祭《ごせいたんさい》」とか「エル・カンターレ祭」などでの説法を「幕張《まくはり》メッセ」や「さいたまスーパーアリーナ」などで普通《ふつう》に行《おこな》っていますが、もし、第一回の、初転法輪のときに、「日暮里酒販会館《にっぽりしゅはんかいかん》なんて、そんな四十畳《じょう》ぐらいのタダのところでやらないで、幕張メッセや、さいたまスーパーアリーナで一発、大きくいきましょう」などと言っていたら、想像してみるに、やはり大失敗だったでしょう。おそらくは、そうであろうと思われます。

そのころから、幸福の科学の支援霊《しえんれい》として高級霊はいましたが、やはり、その後の三十年以上の歳月《さいげつ》の流れが、私自身を変《か》えているし、支援している霊人《れいじん》の方々の自覚《じかく》や悟《さと》りにまで影響《えいきょう》を及《およ》ぼしているのではないかと思うのです。

●**御生誕祭**　大川隆法総裁の生誕（７月７日）を祝して行われる幸福の科学グループにおける二大祭典の１つ。

●**エル・カンターレ祭**　１年の終わりに際し、全世界から主エル・カンターレへの感謝を捧《ささ》げる、幸福の科学グループにおける二大祭典の１つ。

二〇一八年も、十二月には、幕張メッセで「奇跡《きせき》を起こす力」（本書第6章所《しょ》収《しゅう》）という、総合《そうごう》本部から頂《いただ》いた演題《えんだい》で法話《ほうわ》をしました。

裏事情《うらじじょう》を明かせば、最初の座談会から、その後の講演会《こうえんかい》でもずっと同じで、講演会の演題は事前に付《つ》けますが、中身については事前に準備《じゅんび》したことはないのです。

普通であれば、「こういうストーリーで話をしたい」というのをノートに書いたり、原稿《げんこう》用紙に書いたり、メモに書いたりして、つくりたくなるものでしょう。私も、演壇《えんだん》に立つ一週間前とか、前日とか、あるいは当日とかに、そう思うこともありました。

しかし、当初から、「幸福の科学の支援霊たちのなかで、誰《だれ》を当日の支援霊にするか」は事前に決めていたので、その支援霊に「どういう内容《ないよう》にしましょうか」と私のほうから問い合わせると、「何も考えるな」というのが彼らのいつもの答えでした。「何も考えないで演台に立て」と言うばかりでした。いつもそうで、考えさせてくれないのです。「ただ演台に立て」と言うのです。「立てば、自然《しぜん》と言葉が出てくる。それさえ信《しん》じることができないならば、やはり、宗教家《しゅうきょうか》としては非常《ひじょう》に情けない状態《じょうたい》である」というようなことを言われていました。ずっとそうなのです。

マスコミの方などには、「一時間の話をする」と言うと、「原稿を書いて、何回も演説の練習をしてやっているのだろうな」と考える人もいると思います。

私は、たまに言い間違《まちが》いはあっても、ほとんど言い間違いをしないで、初期から大講演会等もやっていることが多いのです。これは、キャスターなどをやっているような人でも普通はありえないことでしょうから、「十回、十五回と、よっぽど演説練習をしてから臨《のぞ》んでいるのか」と思っているでしょう。

しかし、実は、演題以外、何も考えていないで演壇に上がっています。それは今も同じです。

例えば、「幕張メッセで話をするとき、緊張しますか」と訊《き》かれたら、「ええ。することもありますよ。五秒か十秒ですけどね」というのが私の答えです。

楽屋ではまだ緊張していません。舞台袖《ぶたいそで》で立っていて、宗務《しゅうむ》本部長が、ヘッドホンをして、真剣《しんけん》な顔をしながら、（手で数字を表して）「十……、五、四、三、二、一」とかやっているときには、「あっ、もうすぐ始まるんだな」と思い、演台に向かって歩き始めて、会場のみなさんが拍手《はくしゅ》をしているのを見ながら、「ああ、今日、話をするんだな」と思い、演台に着いて正面を見てから、「さて……」という感じです。三十数年、ずっとこのスタイルでやっています。

不思議《ふしぎ》と言えば不思議なのですが、妙《みょう》にそこにだけは自己信頼《じこしんらい》があるのです。

三十数年間、どんな話でもできるような準備《じゅんび》を毎日続《つづ》けている

ただ、「その場になれば、他力《たりき》が臨《のぞ》むであろう」と思っている信頼感はあるのですが、そこに至《いた》るまではどうかと言うと、「その前の段階《だんかい》」として、自力《じりき》の部分で、「三十数年間、どんな話でもできるような準備《じゅんび》を、いつもいつも、毎日続《つづ》けている」というのが本当のところです。

ですから、実は、「講演の準備をしていない」と言うべきではなくて、「どんな講演でもできるような準備ができている」と言うべきでしょう。

おそらく、どのような演題であっても話ができると思います。「それだけの努《ど》力《りょく》をし続けてきている」ということです。やはり、積《つ》み重ねた努力によって、力をつけてきていることは間違いありません。

例えば、先日、車で日比谷公会堂《ひびやこうかいどう》の横を通り過《す》ぎたときに、「ああ、ここでも

●講演をやったことがあったなあ」と思いました。二千人ぐらいの聴衆《ちょうしゅう》ではありましたが、その二千人収容《しゅうよう》の日比谷公会堂であっても、昔は、「こんなところで話ができたら一流になるのだろうな」というようなことを思ったのを覚《おぼ》えています。

講演家としての限界《げんかい》は、普通はこんなもので、二千人ぐらいです。自民党《じみんとう》の総裁《そうさい》などでも、「党大会のときなどに日比谷公会堂でお話をする」というぐらいが限界なのでしょう。

ところが、私の講演には、ありがたいことに、全国から大勢《おおぜい》の方が直接《ちょくせつ》来てもくださるし、衛星中継《えいせいちゅうけい》もかけているし、さらには、その法話がそのまま本になって読まれたりもしています。十年前、二十年前、三十年前の講演でも、本で読める状態にもなっています。これは、本当にありがたいことだと思っています。

●講演を……　1988年10月2日説法「反省の原理」、1988年12月18日説法「祈りの原理」等。『ユートピアの原理』（幸福の科学出版刊）第3部、4部参照。

年輪《ねんりん》を重ねるように成長《せいちょう》していく人生の大切さと楽しさ

それにつけても、自分で本当に「よかったな」と感じているのは、「あまり簡《かん》単《たん》に出来上がらなかったこと」です。

これについては、何度も繰《く》り返し違う角度でお話ししているのですが、分かってくれない人のほうが多くて、残念《ざんねん》に思っています。私よりずっとあとに生まれた若《わか》い人のほうが出来上がるのが早いのを見て、「なんで、そんなに簡単に出来上がってしまうのかなあ」と、残念な感じがするのです。

要《よう》するに、「自分は偉《えら》い、偉い」と、一生懸命《いっしょうけんめい》、自分で手を叩《たた》くような感じになるわけです。

よほど要求《ようきゅう》レベルが低《ひく》いのか、何かで自分をほめていないと生きていく自信がないのか、あるいは、日ごろネガティブなことを言われて、それを跳《は》ね返すために、そのようにしなければいけないのか、よくは分かりませんが、「底《そこ》が浅《あさ》い」というか、「出来上がるのがずいぶん簡単なんだなあ」と思うことが多いのです。もちろん、そうでない人もいるとは思いますが。

幸福の科学の若手職員《しょくいん》のなかには、私の初転法輪のころに生まれた方で、今、幹部《かんぶ》として活躍《かつやく》している人もいるので、人が成長《せいちょう》するのは早いとも感じます。しかし、やはり、「毎年毎年、年輪《ねんりん》を重ねるように成長していくことの大切さと楽しさ」を知っていたほうがよいのではないかと思うのです。

私自身も、若いころには、あまり自信がなかったり、「恥ずかしい」と思ったり、「失敗した」と思ったりと、いろいろ思っていた自分に対して、その当時は情けないと感じていたことも多かったのです。しかし、今にして思うと、そんなに簡単に出来上がらなかった自分を、多少はほめてやらなければいけないのかなという気もします。

つまり、どの段階でも、「〝これで終わり〟とは思わなかった」ということです。

そういうことが、今も続いています。

例えば、もし、私が、「本を出して、一万冊も売れたら、もうこれで万々歳《ばんばんざい》だ」と思っていたら、それ以上には行かなかったでしょう。

いまだに、教えが全世界には届《とど》かないところを残念に思っているから、本も出し続けているし、いまだに、私の教えをみんながみんな聴いてくださるわけではないので、本章のもととなる、二千八百三十数回目の説法をしたわけです（説法時点）。そのように、「終わりのない戦《たたか》い」というものもあるということです。

ただ、年輪を刻《きざ》むように、少しずつ成長していることだけは確かであるように思えてなりません。

二千八百回、二千九百回と話を重ねてきていますが、やはり、その回数分だけの小さな自信が積み重なってくる感じはあるのです（注。二〇一九年九月二十九日収録《しゅうろく》の「ホメイニ師《し》の霊言《れいげん》②」で、説法三千回を突破《とっぱ》した）。

これだけの経験《けいけん》を重ねてくると、大きな会場や小さな会場、地方と都市部、国内と海外、あるいは、海外でも国によって、都市によって、どう違うかなど、いろいろな場合を経験してきているので、「心の弾力性《だんりょくせい》」のようなものがついてきます。「どういう事態のときに、どのようにしてやり遂《と》げたか、やり抜《ぬ》いたか」というようなことを思い出すにつけても、少しずつ、それが自分を護《まも》る弾力になっている気がします。

今、私は、大きな会場でも楽そうに話をしているかもしれません。それは、「天上界《てんじょうかい》といつも同通しているという環境《かんきょう》を維持《いじ》する努力」があるのも当然ながら、「できて当然の状態をいつもつくるように努力し続けている」ということが大きいのではないかと思うのです。

さらには、毎年毎年、少しずつ「新境地」を拓《ひら》いていることも事実で、今までやっていなかったようなことを少しずつやり始めるようになっています。

そうした新しい境地を拓くに当たっても、今まで積み重ねてきたことが自信になって、自分を支《ささ》え、護ってくれているため、「新しいことに手を出すことが許《ゆる》されるか否《いな》か」と自分に問うてみて、「まあ、そろそろよいのではないか」と思うところがあるわけです。

例えば、海外伝道《でんどう》を始めるに当たってもそうでしたし、学校をつくるに当たってもそうでした。大学をつくるに当たっても、映画をつくるに当たっても、音楽等をつくるに当たっても、そうでした。

また、最近は、「●宇宙人《うちゅうじん》もの」などもいろいろ発表していますが、そうしたことについても、同じでしょう。やはり、三十年以上、いろいろと積み重ねてきた部分が自信としてあって、新しいことについて開示《かいじ》していっても、自分自身としては、「批判《ひはん》されても、そんなに簡単には崩《くず》れない」「全部批判できるなら、どう

●**宇宙人もの**　2010年以降、「宇宙人リーディング」や「UFOリーディング」などを多数公開収録し、発刊を続けている。

ぞ、してみてください」という感じがするわけです。

このように、実績《じっせき》がたまればたまるほど、「新しいことに挑戦《ちょうせん》するだけの勇気《ゆうき》」も成長してくる気がします。

そういう意味で、「努力の継続《けいぞく》」ということは非常に大事なことだと思います。

2 何事も一足飛《と》びにはいかないもの

悟《さと》りを開き、大組織《だいそしき》を運営《うんえい》しながら伝道《でんどう》した釈尊《しゃくそん》の努力《どりょく》

本章は、「原因《げんいん》と結果《けっか》の法則《ほうそく》」というテーマですが、こういうテーマの話も何度かしたことはあると思います。

しかし、意外に、このシンプルなことがそんなに簡単《かんたん》に分かってもらえないと

いうか、「聴《き》いたときには分かっても、すぐ忘《わす》れてしまう」というのが大多数の人々なのです。

「原因と結果の法則」とは、もっと簡単に言えば、「原因なくして結果なし」ということです。

「田植え」をしなければ「稲《いね》」は実らないし、「種《たね》」を植えなければ「果実」も実らない。もちろん、肥料《ひりょう》をやったり、水をやったり、日光が当たったりと、いろいろな条件《じょうけん》が必要《ひつよう》にはなりますけれども、必《かなら》ず「原因・結果の法則」はついて回るのだということです。

例《たと》えば、お釈迦《しゃか》様が悟《さと》りを開いて仏陀《ぶっだ》になったのは、カピラ城《じょう》の王子として生まれたからではありません。

「王子として生まれた」ということは、確《たし》かに、最初《さいしょ》は、一般《いっぱん》の人たちよりも教養《きょうよう》をつけるのに役に立ったこともあろうし、高い見識《けんしき》を養《やしな》うのにも役には立ったかもしれません。しかし、いったん、それを全部捨《す》てて、二十九歳《さい》で出家《しゅっけ》して、六年間の修行《しゅぎょう》、苦行《くぎょう》をし、それから悟りを開いて、五人の弟子《でし》たちにその悟りの内容《ないよう》を伝《つた》えたあたりから、仏教は始まっているわけです。

釈尊《しゃくそん》は、生まれは王子でも、それを捨てて、ゼロからスタートして、自分なりに手探《てさぐ》りで修行を続《つづ》けました。師《し》といわれる人にも、何カ月かはついたこともありますが、それでは満足《まんぞく》できず、自分自身で探究《たんきゅう》をしました。

そして、悟ったことを人に伝えていくわけです。伝えていきながら、また、「悟後《ごご》の悟り」という、「悟ったあとの悟り」も積《つ》み重なっていきます。

さらには、教団《きょうだん》の人数が多くなるにつれて、いろいろな人が入ってくるので、「新しい教え」が必要になってきます。今までいなかったような人が入ってくると、その人に対する教えも要《い》ります。

また、教団の組織運営《そしきうんえい》のなかで、さまざまなトラブルが多発してくれば、戒律《かいりつ》が制定《せいてい》されていったりします。

そういったかたちで、その都度《つど》その都度、努力《どりょく》して積み重ねていったものが、結局、大きな教団になり、さらに後世に遺《のこ》っていく力になっていったのだと、私は思います。

このように、釈尊は一足飛《と》びに悟ったわけでも、カピラ城に生まれたから仏陀になったわけでもありません。おそらくは、ほかのところに生まれたとしても、道筋《みちすじ》は違《ちが》えども、似《に》たような経路《けいろ》を辿《たど》って、仏陀になったのではないかと思います。

洋の東西を問わず、「ヒーローの条件《じょうけん》」に挙《あ》げられる「貴種流離譚《きしゅりゅうりたん》」

このように、生まれにおいて尊《とうと》い場合、宗教《しゅうきょう》においては意外に難《むずか》しいところもあります。

特《とく》に、長く続いている宗教の場合、例えば、今は滅《ほろ》びかかっていますけれども、チベットのダライ・ラマも、生まれによって決まるようなところがあります。あるいは、天皇《てんのう》家のように、生まれによって連綿《れんめん》と続いているところもあります。

そうした「貴種《きしゅ》」、つまり、貴《とうと》い種《たね》で生まれた人が、そのまま成長《せいちょう》して偉《えら》くなるというような場合もあるとは思うのです。

しかし、実際《じっさい》に、「悟りを開いた」とか、「徳《とく》が高い」とかいうようになるのは、そう簡単なことではないでしょう。

確かに、魂《たましい》の問題もあるので、それで魂が開花して、すごく立派《りっぱ》になる人もいるとは思います。ただ、洋の東西を問わずして、「ヒーローの条件《じょうけん》」として挙《あ》げられるものに、「貴種流離譚《きしゅりゅうりたん》」というものがあるのです。

「貴い種」、つまり貴い身分に生まれた子が、「流離」、要するに、王宮から離《はな》れたり、都《みやこ》から離れたりして、地方などいろいろなところに流れ、自分自身の本来の立場ではないところで、さまざまな試練《しれん》を受けながら苦労《くろう》し、やがて、都に戻《もど》ってくる。そして、自分自身の本来の姿《すがた》を悟って、王様の地位《ちい》に就《つ》くとか、王子に就くとか、あるいは、悟った者になるといった話です。

「ヒーローの原型《げんけい》」は、だいたいそういうものであり、これは、日本だけではなく、海外にもたくさんある話です。

もちろん、ただ離れればよいというだけではなくて、離れて流れている間に修行を積まなければいけません。おそらく、貴い生まれの人たちは、いろいろな体《たい》験《けん》を積み、苦労を積み、経験を積み、庶民《しょみん》の暮《く》らしや苦労といったものを見ることで、悟るものがさまざまにあり、それが、例えば、将来《しょうらい》、よい王様になったり、よい天子《てんし》様になったり、あるいは、よい法王になったりするための材料《ざいりょう》になるのでしょう。

そうした、貧《まず》しい人たちや庶民の人たちの暮らしや、みんなが何に悩《なや》んでいるのかというようなことを見る経験をせずして、そのままスーッと偉くなっても、分からないものがありますし、それらを見えなくするものが、周《まわ》りに垣根《かきね》のようにたくさん存在《そんざい》します。天守閣《てんしゅかく》の上にいて、望遠鏡《ぼうえんきょう》で遠くを見たところで、それが分かるわけではないのです。

そういう意味で、「若《わか》いころの苦労は買ってでもせよ」と言われますけれども、私も、結果的には賛成《さんせい》です。「そういうことを言い出したら、年を取った証拠《しょうこ》だ」と言われることもありますが。

若いころは、そういう苦労をしたり、いろいろな試練に遭《あ》ったりすると嫌《いや》なもので、「できるだけ逃《のが》れたい」と思いがちですが、実際に何十年かたってみると、「いや、そういうもの一つひとつが、自分を育ててくれる種になったんだな」「そのときは分からなかったな」と思うことのほうが多くなるのです。

どの年代からでも「原因《げんいん》と結果《けっか》の法則《ほうそく》」で向上できる

心について話をしても、若いうちは、「心」というのは「感情《かんじょう》」と同義《どうぎ》ぐらいにしか思えないことが多いのです。「喜怒哀楽《きどあいらく》が心だ」と思っている程度《ていど》の人が多いのですが、それは、赤ちゃんとして生まれて成長していく過程《かてい》で、当然《とうぜん》、身についてくることです。

しかし、心を発見するまでには、さまざまな経験、体験をしていかないと、見えてはきません。そういう経験を経《へ》て、心のひだというものが数多くできるようになってくるのです。心のひだが数多くできるようになってくると、いろいろな人に合わせた教えが説《と》けるようになってきます。

一方で、心が見えないままの人もいます。「見えないままの人」とはどういう人かというと、「自分の心しか分からない」という人です。

あるいは、「本当は自分の心さえ分からない」という人もいます。自分の心にさえ騙《だま》される人もいるのです。自分の経歴《けいれき》や家族、会社といったものに惑《まど》わされ、心をガラス張《ば》りにして、自分自身を素直《すなお》に見ることのできない人も数多くいるでしょう。

ですから、原点である「原因《げんいん》と結果《けっか》の法則《ほうそく》」に戻り、「原因なくして結果なし」ということを、若いころも、中年期も、壮年《そうねん》期も、晩年《ばんねん》期も、いつも思い描《えが》いていかなければいけないのです。

例えば、若いから頭がよかったり、若いから体が強かったりするかと思えば、必ずしもそうとは言えないものもあり、中年期から勉強して頭がよくなる人や、体が強くなる人もいるし、晩年期から強くなる人もいます。

私の親戚《しんせき》に、九十歳ぐらいのおじいさんがいるのですが、その歳《とし》でも、毎日一万歩以上《いじょう》歩いていて、「そろそろ運転免許《めんきょ》を取り上げられるかな。気をつけなければいけない」などと言っているので、すごいと思います。若いころに頭も体も鍛《きた》えたのだろうと思いますが、その後も手を抜《ぬ》かなかったのでしょう。九十歳ぐらいでも、まだ、そのような人もいます。運転免許を取られないように用心しているというか、「もう、年を取ったから運転はやめろ」と言われないように、頑《がん》張《ば》って一万歩以上歩けるようにしている人もいるわけです。

若い人でも、一日一万歩も歩けないという人はたくさんいます。一万歩というと、だいたい六キロぐらいありますから、なかなか歩けるものではありません。

私自身、幼稚園《ようちえん》のころでも、遠足で、隣町《となりまち》まで片道《かたみち》二キロを行って帰ってきたときには、足が痛《いた》くて、夜には発熱《はつねつ》したのを覚《おぼ》えていますから、ずっと若くても、けっこう遠いものです。おそらく、山歩きをしても、そうなのではないでしょうか。

「知識《ちしき》」を発酵《はっこう》させて「智慧《ちえ》」に昇華《しょうか》させることが大事

やはり、「一足飛びにはいかないのだ」ということです。物事は何でも、一足飛びにはいかなくて、訓練《くんれん》したら身についてくることが多いし、すぐに衰《おとろ》えて駄目《だめ》になる場合もあれば、身につけたものがなくならないものもあります。

例えば、「自転車に乗る」ということでも、子供《こども》時代に、最初は補助輪《ほじょりん》をつけて乗り、次は、補助輪を取って、親などの大人に後ろの荷台のところを持って押《お》してもらいながら校庭とかで走り、最後はそれも離して一人で走れるようになるものです。そして、一度走れるようになれば、二十年、三十年たっても自転車に乗れるというようなことはあります。

あるいは、水泳などもそうです。最初は水が怖《こわ》いですけれども、いったん泳げるようになると、しばらく間が空《あ》いていても、泳ぎができるというようなことがあります。

そのように、「いったん身についたら、そう簡単には消えないものもある」ということです。

先ほど、歩きについて述《の》べましたけれども、四足歩行している四つ足の動物から見れば、二足で立って二足歩行するというのは限《かぎ》りなく難しいことだろうと思うのです。

動物園に行けば、四つ足の動物はたくさんいますし、身体能力《のうりょく》というか、筋肉《きんにく》や運動神経の強靱《きょうじん》さ、敏捷《びんしょう》さは、人間を超《こ》えていると思うものがたくさんいますが、二本足で立てるものは限られています。サルなどは立てますし、馬も前足を上げて二本足で立つぐらいはできるけれども、「そのままで歩け」と言ったら、歩けないでしょう。それは、ライオンやトラやヒョウでも同じだろうと思います。

アニメの世界では、動物が歌ったり踊《おど》ったりできるかもしれませんが、現実《げんじつ》の世界では難しいことです。ですから、二足歩行も楽なことではありません。

要は、「この世で体験して獲得《かくとく》できるものには、学べるものが多い」ということです。そして、学んでできるようになったら、自分のものになるのです。

私は、智慧《ちえ》の話などもしていますけれども、この学んだものが智慧に変《か》わっていくことも、大変《たいへん》なものです。

ちょうど、発酵《はっこう》させてお酒を造《つく》るのと似たようなものがあり、原材料があるだけでは智慧にはならず、それを寝《ね》かせて、発酵させていかなければなりません。要するに、「知識《ちしき》を使っているうちに、いろいろな事例《じれい》に行き当たり、そうした経験と相まって、智慧として光り出す、昇華《しょうか》してくるものがある」ということです。そういう世界観《かん》を持ったほうがよいのではないでしょうか。

ですから、若いうちに、「頭がよい」などと言われたりすることはあるでしょうし、それ自体は、その期間中に真面目《まじめ》に努力したということなので、ほめられてよいことだと思います。

しかし、十八、九歳まで頭がよかったことが、三十歳で頭がよいことには必ずしもなりません。それは、四十歳でも頭がよいことにはならないし、それによって、五十歳、六十歳になっても頭がよいか、それともボケるかということが分かるわけではないのです。それは、すべて、その後の精進《しょうじん》にかかっていることだと、私は思います。

ですから、少しでもよいので努力していけば、思わず知らず、遠いところまで行くことはできます。

「百冊《さつ》の本を書くのは簡単なことではないけれども、一冊一冊、積み重ねていけば、書けることもある」というようなことでしょうか。その過程で、内容に当たるものをいろいろと勉強したり、体験したり、あるいは、インスピレーションを受けたりと、さまざまなことをしながらつくっていくということが、大事なことであると思えてしかたがありません。

「すぐ悟《さと》った気になる人」の考えの浅《あさ》さ

「原因と結果の法則」というのは、本当に大事なことなのです。

例えば、同じく年を取り、晩年を過《す》ごしている人でも、車椅子《くるまいす》生活になっても体を動かそうとして努力している人や、ボケないように何かを勉強しようとしている人には、やはり、違いがあります。そのあたりを、よくよく知ってください。

「霊的《れいてき》なもので、一躍《いちやく》、ポンッと飛んで、悟《さと》りに入《い》る」という考え方もあるでしょうし、特に、日本の宗教にはそういうタイプのものが数多く見受けられます。

確かに、そういう「飛躍《ひやく》の瞬間《しゅんかん》」というのは、あることはあります。悟る前と悟ったあとで、飛躍する瞬間があることは事実なのですが、ただ、それは、やはり、いきなり行けるものではありません。スーパーマンでないかぎり、いきなり高さ三千メートルの山の頂点《ちょうてん》までは飛べないわけです。それは当たり前のことです。しかし、悟りというものを〝低《ひく》いもの〟だと考え、一歩か二歩上がるぐらいにしか思っていないのであれば、そういうことはありえるかもしれません。

したがって、大事なことは、「何かですぐ悟ったような気になるのは、やめたほうがよい」ということです。

光明《こうみょう》思想的な面でも、そのようになる人もいます。あるいは、禅《ぜん》の修行をしている人を見ていても、すぐに「ハッ！」と悟った感じになる人がたくさんいて、「雰囲気《ふんいき》に酔《よ》っているのだな」と思うところが多いのです。普通《ふつう》の人が当たり前にやっているようなことを、たまたま知らなくて、それに気づいたときに、「ハッ！」と驚《おどろ》いたように言っているのですけれども、「まだ浅《あさ》いな」という気持ちは否《いな》めません。

やはり、悟りの世界も一歩一歩ですし、いろいろな方角に向けて歩《ほ》を進めなければ、手に入れられるものではないと、私は思っています。

それを、単なる生まれつきや、あるいは、方法論《ろん》とか、裏道《うらみち》やコネ、人がやっていないようなことで粉飾《ふんしょく》するといったことは、なるべく避《さ》けたほうがよいでしょう。それは、「長く続く道ではない」ということです。

3 「人から教わって知ること」は数多くある

教わって知ったこと①――主観《しゅかん》と客観のズレ

偉《えら》そうに言っていますけれども、私自身も、社会人になって一年ぐらいたったころでしょうか。部長席《せき》から呼《よ》ばれて、その横に立たされ、説教《せっきょう》されたことがあります。

「君は、自分ではすごく頑張《がんば》っているつもりでいるのかもしれないけれども、もしかしたら、自分がスポットライトを浴《あ》びて歌っているうちに、お客さんが誰《だれ》もいなくなっているかもしれないよ。周《まわ》りには誰もいなくて、一人で歌っているだけになっているかもしれない。スポットライトを浴びて歌っているつもりでいても、誰も聴《き》いていないかもしれないよ」というようなことを言われたことを、いまだに覚《おぼ》えています。もう四十年も近い昔なのですが、当時、「ああ、そういうふうに見る人もいるんだな」と思ったのです。

自分としては、「まだ全然届《ぜんぜんとど》かない。もっとやらなくては」と思い、頑張って頑張ってやっているつもりでも、外から見ると、人によっては、自己顕示《じこけんじ》のためにやっているように見る人もいます。そのため、「『屋上屋《おくじょうおく》を重ねて、自分がもっと賢《かしこ》く見えるように振《ふ》る舞《ま》っているのかな』と見ているような人もいるのかな。そういう意味で反発する人もいるのかな」というようなことを感じました。

確《たし》かに、現実《げんじつ》は、社会人になって一年目ぐらいだと、仕事ができないことのほうが本当に多くて、私自身、「自分はもっとできなければいけないのに、おかしい、おかしい」という感じはとても強かったのです。何もできないし、普通《ふつう》のこと、社会人であればみんなが常識《じょうしき》だと思っているようなことが、まだ全然分かっていないということが数多くありました。

教わって知ったこと②――例《たと》えば、コピー取り一つでも

例《たと》えば、コピー一つ取るのでも、「コピーを取って帰ってきたら怒《おこ》られる」というようなことはありました。

偉い人であれば、秘書《ひしょ》がいて、きちんとコピーを取ってくれますが、偉くない場合は、自分で取りに行くしかありません。それで、自分でコピーを取ってくると、上司《じょうし》がその書類《しょるい》をめくりながら、「おい！　ここが曲がっているだろう。斜《なな》

めに写っている」「これは綴《と》じ方がおかしいだろう。分かっているか」などと言うわけです。しかし、こちらとしては教わったことがないので、「ああ、そうか。曲がってコピーを取ってはいけないんだ」ということさえも、怒られて初《はじ》めて知るのです。

「そういえば、秘書の人がコピーを取るときには、ものすごく上手にカチッと合わせて、ズレないようにしているし、本をコピーするときには、ページの間の部分が黒くならないように上手に取っているな。そういえば、そうだったな」という感じはしましたけれども、そのときに、「ああ、自分はコピー一つも満足《まんぞく》に取れないのだな」ということは分かりました。

教わって知ったこと③――極秘《ごくひ》書類《しょるい》の取り扱《あつか》い

一方では、上位《じょうい》の役職者《やくしょくしゃ》が自分で書類《しょるい》をコピーするシーンを見ることもありました。

「どうしたんだろうね、あの人。秘書《ひしょ》に頼《たの》んだらいいのに、自分でコピーを取りに行っている。あまり人を使えないんだろうか」と、私が疑問《ぎもん》を口にしたところ、先輩《せんぱい》から、「おまえはバカか」と言われました。「上のほうの人には、コンフィデンシャル（機密《きみつ》）の極秘《ごくひ》書類があって、ほかの人に見られてはいけないものもあるんだ。そういうものに関《かん》しては、秘書にも頼むわけにはいかないから、自分でコピーを取っているんだ。人事考課《こうか》みたいなことが書いてあるもののコピーなんかを他人《ひと》に頼んだら、いったい誰が見るか分からないし、どこかに置《お》き忘《わす》れたりしたらどうするんだ?」という話を聞き、「なるほど、そうか。上の人が自分でコピーを取りに行っているから、いちばん下《した》っ端《ぱ》の自分と変《か》わらないなと思っていたら、内容《ないよう》が違《ちが》うのか」と分かったこともありました。

教わって知ったこと④――私的《してき》なコピーは取らない

また、初めての部署《ぶしょ》に回されて仕事がよく分からないため、自分で勉強資料《しりょう》をつくっていたら注意されたこともありました。

海外勤務《きんむ》時代には外国為替《かわせ》の仕事が多かったこともあり、帰国後は銀行関係等、お金にかかわる仕事をするようになりましたが、別《べつ》に教科書のようなものがあるわけではありません。そこで、日経《にっけい》新聞の金融《きんゆう》関係の記事を切り抜《ぬ》いてファイリングしたり、コピーを取ったりして勉強していたところ、先輩から「そのコピー代がもったいない。ヒラのくせに生意気《なまいき》だ。そんなものは読んで覚えろ」と言われたのです。それは確かに、おっしゃるとおりでしょう。

教わって知ったこと⑤——新聞切り抜《ぬ》きの無駄《むだ》な努力《どりょく》

それと似《に》たようなことを父親にも言われたことがあります。学生時代、私は新聞を切り抜《ぬ》いて赤線を引き、机《つくえ》の引き出しにたくさん溜《た》めていたところ、それを見た父から、「自分もそういうことを若《わか》いころからよくやっていたけれども、無《む》駄《だ》になることが多くてな。もう覚えるしかないんだよ」と言われたのです。

実際《じっさい》に、あとで見ても「要《い》らない記事だった」と感じることが多かったのは確かです。そういう経験《けいけん》をするうちに分かるようになりました。

その当時、新聞の連載《れんさい》記事を、切り抜いて台紙に貼《は》り、買ってきたファイリングボックスに溜めることで、自分だけの勉強をしているつもりでいたのですが、連載が終わると本として出版《しゅっぱん》されたので、ガクッときたのを覚えています。「しまった！　政治学《せいじがく》に関係することだから勉強になると思ってファイリングしていたのに、これが本になるなんて、裏切《うらぎ》りだ。それなら、最初《さいしょ》から『連載が終わったら本になります』と書いておいてくれたらいいじゃないか。切り抜いて貼っていた、この労力《ろうりょく》をどうしてくれるんだ」という気持ちにもなりました。

そのようなこともありましたが、世の中には、まだ知らないことが本当にたくさんあります。ささやかなことでも、「これはやってはいけない」と言われなければ分からないのです。

教わって知ったこと⑥——電話応対《おうたい》時の声量《せいりょう》

それから、電話応対《おうたい》においても、内容によっては、ほかの人に聞かれてもよいものと聞かれてはいけないものがあるわけですが、初めのころはそういうことを考えもしなかったので、いつも大きな声で話していたのです。

そのうち、「フロアの端《はし》まで聞こえているぞ。聞かれてはいけないものは、こうやって、口元《くちもと》を手で隠《かく》して、自分の声が周りに漏《も》れないようにしなければいけないだろう」と注意されてしまいました。

これも教わったことがなかったため、知りませんでした。

教わって知ったこと⑦――机上書類《きじょうしょるい》の扱《あつか》い方

あるいは、昼休みに、机の上をそのままにして外へ昼食に出てしまったところ、「おまえ、書類《しょるい》を表に向けたままでご飯《はん》を食べに出るのか。休み時間に誰かがそれを見たらどうするんだ?」と言われたこともあります。

確かに、財務《ざいむ》関係の資料はお金にかかわるものが多いので、「極秘」という判《はん》子《こ》を押《お》していなくても、見られたら困《こま》るものがたくさんあるのは事実です。昼休みになると、銀行の人が勧誘《かんゆう》や預金《よきん》を取りに来たり、証券《しょうけん》会社や生命保険《ほけん》の人が来たりと、いろいろな人がウロウロしているし、ほかの部署の人も来ます。ですから、「書類は裏返して、簡単《かんたん》に取れないように、上から何か重しぐらいしてから行くんだ」などと言われ、「ああ、そんなものか」と思ったわけです。

そういったことは、入社一年目二年目、せいぜい三年目ぐらいまでには知らなければいけないのでしょうけれども、そのような小さなことが何百何千とあるのです。

先ほどの電話応対のことにしても、私は、周りの人たちが「あいつ、元気がいいな。魚屋とは違うのが分からないのか」と思っていたのも知らずに、端まで聞こえるような声で、「はい、いらっしゃい！　今日はいい魚が入っていますよ！」というような調子でやってしまったわけです。魚屋ならば、よその店まで聞こえるぐらいの声のほうが客寄《きゃくよ》せになるのでしょうが、あのころは、「おまえ、ほかの人も仕事しているんだけれども、分かっているのか」と言われて気づくようなこともありました。

4 「教わる姿勢《しせい》を示《しめ》す」のが謙虚《けんきょ》さ

本当に成長《せいちょう》したければ、自然《しぜん》に謙虚になるもの

そのように、言われなければ分からないことはたくさんありますが、そうしたことを教えてもらうためには、あまり偉《えら》そうにしていてはいけないのです。私がよく「謙虚《けんきょ》になれ」と言うのは、「教わる姿勢《しせい》を示《しめ》せ」ということでもあるのです。

謙虚な姿勢を保《たも》てば、人は教えてくれるようになります。なかには、厚意《こうい》を持っている人もいるでしょうから、そういう人は、何かあっても「おまえ、危《あぶ》ないぞ」と手を引いて教えてくださるようになるわけです。それはありがたいことで

あり、そのように非公式《ひこうしき》に教わったことのほうが、後《のち》に知恵《ちえ》になることはとても多いのです。

ちなみに、経営者《けいえいしゃ》が成功《せいこう》してから書く本のようなものには、自分自身で語ったところもあるのでしょうが、ほかの人の手も入っていることが多くあります。例《たと》えば、「会社の失敗《しっぱい》した部分」などは、活字にならないように上手に編集《へんしゅう》してあるわけです。経営者の体験《たいけん》などは、失敗した部分を失敗に見えないように、「苦《く》労談《ろう》」「成功談」に変《か》えてあることもよくあるので、それだけを読んで本気にしていると、実はそうでもないことが数多くあります。

いずれにしても、失敗をしたときに、自分自身で反省《はんせい》をしたり、ほかの人から注意を受けたりするのは、とても大事なことであると言えるでしょう。そのためには、あまり頭《ず》が高くならないようにすることが大事だと思います。出来上がってしまってはいけないのです。

先ほど述《の》べた「貴種流離譚《きしゅりゅうりたん》」ではありませんが、貴《とうと》い身分に生まれても、地方に流され、いろいろな苦労でもしないかぎり、庶民《しょみん》の感覚《かんかく》が分からないということはあるでしょう。ただ、それだけではなく、実は今いるその場でも、その気になれば、いろいろな情報《じょうほう》は手に入れられるし、見ることもできるわけです。

しかし、プライドが高いと、そういうものは見えなくなり、「自分は自分」と思い、自分が上になって成長していくことや、人の上に立つことばかりを考えるようになるので、そこは、やはり危険《きけん》なところがあるでしょう。

とにかく、本気で頑張《がんば》らなければならないときもあるので、そのときは、それを一生懸命《いっしょうけんめい》にやるべきです。例えば、歌手が大勢の前で歌うときに、「自分の力を見せないように、なるべく下手《へた》に静《しず》かに歌います」などということではクビになるかもしれないので、気をつけたほうがよいでしょう。やはり、精一杯《せいいっぱい》歌わなければいけないときもあるのです。

しかし、何でもないときにまで、一生懸命にやりすぎるのもどうかとは思います。自分を護《まも》るために、動物が威嚇《いかく》でもするかのように毛を逆立《さかだ》てる感じでいると、誰《だれ》も何も言ってくれなくなるので、気をつけたほうがよいでしょう。

普通《ふつう》は、できるだけフランクに話したほうがよいでしょうし、いろいろな人の声が聞こえるような立場を取っていったほうがよいと思います。

要《よう》するに、「謙虚になる」ということは、「努力目標《どりょくもくひょう》」や「道徳《どうとく》の徳目」のようなものとしてするのではなく、本当に自分が成長したければ自然《しぜん》にそうなっていくものだということです。

あなたが「本物の人材《じんざい》」なら、人は決して見放さない

また、芸能系《げいのうけい》のスターなどでも、出来上がるのが早いと成長しなくなることがあります。

「いい役」をもらえるのはありがたいことではありますが、それとは違《ちが》う役でも、いつでもこなせるような気持ちを持っていることが大事です。

一般《いっぱん》的な仕事においても、脚光《きゃっこう》の当たるようないい仕事が来ることもあれば、そうではないところに回されることもあるでしょう。

そういうときに、どのように身を処《しょ》し、努力し、修業《しゅぎょう》しているかということを、人は見ているものです。どの程度《ていど》、忍耐力《にんたいりょく》があるか、努力を継続《けいぞく》できるかというところが見られています。また、それは、人に見られているだけではなく、自分自身が見ていることであり、知っていることでもあるでしょう。ですから、「その間《かん》にどれだけのことをしてきたか」ということが、その後につながっていくこともあるわけです。

要するに、本物の人材《じんざい》であれば、人は決して見放さないし、見捨《みす》てないものなのです。

もっとも、自分を膨《ふく》らませて見せている人もいるとは思いますし、もし、その国なり会社なりが「滅《ほろ》びたい」と願《ねが》っているのであれば、人材が消されていくでしょうから、そういう場合は別《べつ》かもしれません。ただ、そうではなく、当たり前に「成長していきたい」「大きくなりたい」と思っているならば、本物の人材というのは見捨てられることはありません。

そのことを信《しん》じて努力していくことが大事ではないかと思います。

簡単《かんたん》に出来上がらない努力《どりょく》とは

「原因《げんいん》と結果《けっか》の法則《ほうそく》」は、必《かなら》ずしも、いつも釣《つ》り合っているようには見えないかもしれません。人は、他人《たにん》に対しては厳《きび》しくなり、自分に対しては甘《あま》くなるのが普通であり、「これだけ努力《どりょく》したのに報《むく》われない」というような不満《ふまん》はたくさん出てくるものです。

ただ、そのときに、「では、ほかの人はどうですか」という見方も要《い》るのではないでしょうか。

例えば、あるオーディションを五千人が受けたとしても、グランプリに輝《かがや》くのは一人だけということがあります。

そこで、もし、自分がグランプリに輝いたら、それを当然だと思うような理由はいくらでもあるかもしれません。

しかし、あとの四千九百九十九人は、努力をしなかったのでしょうか。あるいは、本当にあなたより素質《そしつ》が低《ひく》いのですか。才能《さいのう》がないのですか。そうしたことは、まだ分からないわけです。

以前《いぜん》までは脚光の当たらない脇役《わきやく》をやっていたとしても、途中《とちゅう》からだんだん売れていくような人が出てくることもあるでしょう。つまり、本当は隠《かく》された才能があっても、その才能が大きければ大きいほど、すぐには出ない場合もあるということです。

そういう意味では、自分で簡単《かんたん》にレッテルを貼《は》らないほうがよいし、早く成功しすぎることの危険性も知ったほうがよいでしょう。早くに脚光を浴《あ》びたとしても、その後、うまくいかないことがあるかもしれないのです。

先ほど、私の商社時代の話として、部長から説教《せっきょう》されたときのことを述べました。「自分はステージの上で、観客《かんきゃく》の前で歌を歌っているつもりかもしれないけれども、自分一人だけスポットライトを浴びているうちに、いつの間にか、みんな、席《せき》を蹴《け》って帰ってしまって、誰もいなくなっているかもしれないよ」というように言われたわけですが、これにも似《に》たようなところがあるでしょう。こちらは、「実力不足だから、もっとやらなくてはいけない」と思っていたのに、周《まわ》りの人からは、もっともっと見てもらいたくてやっているように見えていた時代もあったということです。そのようなことは誰にでもあるかもしれません。

他人《ひと》のよいところについてはあまり見えなくても、悪いところについてはよく見えるのです。また、自分自身のよいところはよく知っているけれども、悪いところはできるだけ隠したいと思うでしょうし、見ないで済《す》ませようとしているところは数多くあるのではないでしょうか。

しかし、周りの人たちは、その悪いところを必ずしも注意してくれるわけではありません。よほど心を開いて「言っても大丈夫《だいじょうぶ》だ」と思わなければ、言わないままにすることもあります。老獪《ろうかい》な人であれば、「そのまま行けば彼は滅びるだろう」と思って、知らん顔をして見ているかもしれません。

ですから、教えてもらえるということはありがたいことです。若《わか》いうちは、何か間違いやおかしなところなどを指摘《してき》されると傷《きず》つくこともあるでしょうが、やはり、それを「ありがたい」と思って受け止め、成長の糧《かて》にしようと努力することが大事なのです。

実力相応《そうおう》に「やってのけられること」は大きくなる

自分の心というものをつかむのは簡単なことではありません。「喜怒哀楽《きどあいらく》」程度しか分からないかもしれません。

喜怒哀楽は動物にもあるし、昆虫《こんちゅう》にもうっすらと喜怒哀楽はあります。ただ、それを心として、どこまで実体化し、感じられるかということが、人間としての成長でもあるし、悟《さと》りの正体でもあるわけです。

したがって、心のひだを増《ふ》やし、さまざまな人の気持ちが分かるようになろうと思うことです。多くの人の気持ちが分かるということは、「自分自身の心のなかについても、数多くの面を見ることができるようになっている」ということです。

そのためには、知的な勉強も必要《ひつよう》ですし、体力的な努力も必要です。さらに、人の間に揉《も》まれることも必要です。人と違う意見を言うこともあれば、協調《きょうちょう》しなければならないこともあります。勇断《ゆうだん》し、多くの人を引っ張っていかなければならないこともあれば、結果に責任《せきにん》を負わなければならないこともあるでしょう。

そのように結果に責任を負わなければならないときに、「勇断できるための気《き》概《がい》」、あるいは「勇気」といったものも、また、成長し、発展《はってん》していくのです。

すなわち、実力相応《そうおう》・実績《じっせき》相応に「判断《はんだん》できること、やってのけられること」は大きくなるのです。そのことを知ってください。

5 〝錆落《さびお》とし〟をしながら努力《どりょく》せよ

身から出る錆チェック――仏教《ぶっきょう》の「心の三毒《さんどく》」

例《たと》えば、幸福の科学の最初《さいしょ》の座談会《ざだんかい》のときには、私自身としてはあまりうまく話ができなかったことを反省《はんせい》しましたが、その後、だんだん講演《こうえん》会場が大きくなり、参加者《さんかしゃ》が多くなり、信者《しんじゃ》が増えて、教団《きょうだん》が世界に広がっていくという流れがあったわけです。

そういった意味では、夢《ゆめ》は大きく持っても構《かま》わないと思うのですが、努力《どりょく》は小《こ》刻《きざ》みに、少しずつ少しずつ前進させていくことが大切なのです。

世の中には忘《わす》れていくものもたくさんあります。自転車の乗り方のように忘れないこともありますが、できなくなることもあります。そういうものの場合は、〝錆落《さびお》とし〟をしながら努力していくことが大事です。

釈尊《しゃくそん》の教えに、「錆は鉄より出《い》でて、鉄を滅《ほろ》ぼす」というような言葉があります。

錆は、もともとは鉄です。最初はきちんと機能《きのう》する鉄製品《せいひん》であっても、それが雨ざらしになったり古くなったりすると、錆が出てきます。刀は赤錆が出てくると斬《き》れなくなるので、錆落としをしなければいけません。それを磨《みが》いて錆落としをしなければ、使い物にならないわけです。それは包丁《ほうちょう》も同じです。

そのように、錆は鉄のなかから出てきて、そのもの自体を使えなくしていくということです。

では、人間のなかから出てくる錆とは何でしょうか。簡単に言えば、これが貪《とん》・瞋《じん》・癡《ち》という「心の三毒《さんどく》」なのです。

「貪」とは貪欲《とんよく》のことです。

あなたは今の努力、過去《かこ》の経験や努力、精進《しょうじん》に比《ひ》して、過《す》ぎた欲望《よくぼう》を持っていませんか。貪欲《どんよく》なあなたではありませんか。

「瞋」とは怒《いか》りのことです。

あなたはすぐカッとなりませんか。自分の間違《まちが》いや欠点《けってん》、失敗《しっぱい》を他人《ひと》から指摘《してき》されたら、すぐカッと怒《おこ》ったりしませんか。

あるいは、好《す》き嫌《きら》いがはっきり出て、「これは嫌いだ。駄目《だめ》だ」「これはよい」などという感じになりませんか。男女の問題でも、「好きだ」「嫌いだ」ということが非常《ひじょう》にはっきりと出たり、部下や上司《じょうし》に対しても好き嫌いが出たりしていませんか。

そのように好き嫌いが激《はげ》しく出るのは、怒り、瞋の心とつながっているのです。

あなたはそのようになっていませんか。

他の人をしっかりと公平な目で、長所も短所もよく見れば、やはり、程度《ていど》の差《さ》にしかすぎないことが多いので、もし、瞋の心が強いのであれば反省してください。

それから、「癡」とは愚《おろ》かさのことです。

例えば、仏法真理《ぶっぽうしんり》を、教学として本では読んでいる。話としては分かる。もし、「原因《げんいん》と結果《けっか》の法則」といった論文課題《ろんぶんかだい》を出されたら、答案《とうあん》を一枚《まい》書くことはできる。しかし、そこから離《はな》れて、いったん町に出ると、すぐに忘れるという人はいるわけです。

やはり、努力相応《そうおう》に目は肥《こ》えてくるし、耳も肥えてくるし、いろいろなことが分かるようになってきます。どのような仕事であってもそうなのです。

例えば、私がある映画《えいが》をＤＶＤで観《み》ていたときに、こんなことに気がつきました。

それは著名《ちょめい》作家の小説《しょうせつ》をもとにした映画であり、有名な俳優《はいゆう》も多数出演していたので、「これだけの俳優を出したら、そうとうの傑作《けっさく》になっているかな」と思ったら、「語るに落ちたり」で、駄作《ださく》で終わっていたのです。その作品の何が悪いかということは幾《いく》つも挙《あ》げられますが、それを考えながら、「ああ、私自身も映画を製作しているから、目がだいぶ厳《きび》しくなってきたのだな」と感じました。

要《よう》するに、単に映画を観て楽しんでいた人間の目と、映画をつくっている人間の目は違うということです。監督《かんとく》の腕《うで》から原作者の小説の内容《ないよう》、役者の演技《えんぎ》まで観ているわけです。

「魔法《まほう》や魔術《まじゅつ》」にも関係《かんけい》がある「原因《げんいん》と結果《けっか》の法則《ほうそく》」

ちなみに、このとき観ていたのは、「ラプラスの魔女《まじょ》」（二〇一八年公開／東《とう》宝《ほう》）という映画です。当時、私は「僕《ぼく》の彼女《かのじょ》は魔法使《まほうつか》い」（製作総指揮《そうしき》・原案 大川隆法／二〇一九年二月公開）という映画をつくっていたこともあり、魔女の研究用に秘書《ひしょ》がＤＶＤを買ってきてくれたわけです。

女優の広瀬《ひろせ》すずさんや、アイドルグループ「嵐《あらし》」のメンバーである櫻井翔《さくらいしょう》さんなど、一流どころの俳優を並《なら》べていましたし、原作はベストセラー作家の小説なので、「どんな魔女だろう？」と思って映画を観たのですが、「ああ、これで終わりか……。よくもこんな駄作をつくったな」という結論《けつろん》だったのです。

「現代的《げんだい》な要素を入れた」というだけで、魔女でも何でもありませんでしたし、「これだけの役者を使って、最後はこうなるのか」というオチのところが寂《さみ》しく感じました。

それから、私が「この人の出た作品で失敗作を観たことがない」と述《の》べたことのある俳優も出演していたものの、「この人の作品にしては、最後にこんな下手《へた》な演技で終わらせられるとは、この映画の監督は〝そうとうの腕〟だな」と思いました。要するに、「この人をこんなに惨《みじ》めな死なせ方というか、演技で終わらせるというのは、よほど下手なのかもしれない」ということまで分かるようになったわけです。われながら、「自分が映画をつくっているというのも怖《こわ》いことだな」と思うようになりました。

とはいえ、ある程度ヒットした作品ではあり、あまり悪く言ってはいけないでしょう。立派《りっぱ》な俳優が多く出演しており、敵《てき》になるといけないので、これ以上《いじょう》は言わないことにします。

とにかく、魔女の研究でそういう映画を観て、「ああ、下手だな」と思ったことがあったのです。もちろん、自分自身にもそれは向けなければならないとは思いますが、やはり、「経験値《ち》で人は見る目が変《か》わってくる」ということを知っておいたほうがよいと思います。

本章では「原因《げんいん》と結果《けっか》の法則《ほうそく》」という題に則《そく》した話をしました。これは、ときどきは思い出してください。

魔法があれば、一瞬《いっしゅん》のうちにできてしまうように思うこともあるかもしれません。ただ、その魔法であっても、白魔術《しろまじゅつ》が使えるようになるには「原因」があるし、黒《くろ》魔術になるにも「原因」があるわけです。「原因と結果の法則」は、魔法や魔術にも関係《かんけい》があるということは知っておいてください。

試練《しれん》のなかで、魂《たましい》の輝《かがや》きと徳《とく》を得《え》る

ストロング・マインドを得《え》るためには、
長い自己鍛錬《じこたんれん》が必要《ひつよう》であると私は思います。

一般《いっぱん》に、「意志《いし》の力」ということが言われますが、
「強い意志の力を持って生まれた」という人はいません。
結果《けっか》的に、「強い意志の力を持っていた」と言われる人はいます。

ただ、言えることは、

「人間の素質《そしつ》として、生まれ落ちたばかりの赤《あか》ん坊《ぼう》のときから、
強い意志力や強靱《きょうじん》な精神力《せいしんりょく》を持っている人はいない」ということです。
それは、やはり、生きていく過程《かてい》において、
人生のさまざまな試練《しれん》を乗り越《こ》えていく際《さい》に
身につけていくものであると、私は確信《かくしん》しています。

みなさんも、本心では、

「できれば、何らの試《こころ》みにも遭《あ》わず、楽に、幸福に生きられたらいいな」

と、おそらくは思っているでしょう。

しかしながら、人生のあるときに、逆境《ぎゃっきょう》と見えるものが現《あらわ》れてきます。

逆風も吹《ふ》きます。学業における挫折《ざせつ》、仕事面での失敗《しっぱい》、

人間関係《かんけい》での葛藤《かっとう》や別《わか》れ、

それから、憎《にく》しみ、悲しみなど、いろいろなものが現れてきます。

「できれば避《さ》けたい」というのが本心でしょう。

しかし、それらを避けることはできません。

そうした苦しみや悲しみを避けることは、

みなさんの今世《こんぜ》における魂修行《たましいしゅぎょう》を無力《むりょく》化することになるからです。

つまり、「せっかく生まれてきたのに、大した修行もせずに人生を終える」

ということになってしまうのです。

確《たし》かに、能力《のうりょく》や才能については、生来《せいらい》のものもあるでしょう。

ただ、それだけであったら、人は進歩しません。

その人相応《そうおう》の人生の諸《しょ》問題が与《あた》えられ、
苦しみながらもそれを乗り越えていくときに、
魂の輝《かがや》き、徳《とく》と言うべきものが生まれてくるのです。

したがって、「『われに試練を与えるなかれ』と祈《いの》る人よ。
あなたは、『われに徳を与えるなかれ』と言っているのと同じなのだ。
試練のなかで、あなたは魂の輝きを得るであろう。
だから、強くありなさい。
自分に対して誠実《せいじつ》でありなさい。
自分の仏性《ぶっしょう》に対して謙虚《けんきょ》でありなさい。
自分の仏性を強く信じなさい」と、私は言いたいのです。

第3章

高貴《こうき》なる義務《ぎむ》を果《は》たすために

――価値《かち》を生んで他に貢献《こうけん》する「人」と「国」のつくり方

FULFILLING
NOBLESSE
OBLIGE

1 「制度《せいど》やAIなどが人間にもたらすもの」を見通せ

政府《せいふ》の「働《はたら》き方改革《かいかく》」が最終《さいしゅう》的に行き着く先は

今の日本では祝日《しゅくじつ》や連休《れんきゅう》がとても多く、特《とく》に、二〇一九年は、新しい天皇《てんのう》が即《そく》位《い》されることもあって、非常《ひじょう》に長期の連休になりました。

政府《せいふ》は、今、「働《はたら》き方改革《かいかく》」ということを言っているのですが、どうもピンとこなくて、私にはよく分かりません。日本の祝日の数はアメリカよりも多いのです。また、政府は、国民《こくみん》に対して、「金曜日には早く帰って遊べ」と言ったり、「カジノをつくるけれども、そこに入場できるのは週に三回までですよ」と言ってみたりしているのですが、言っていることの意義《いぎ》がよく分かりません。

●働き方改革　長時間労働に伴《ともな》う過労死などを防止するために、労働環境を見直す取り組み。2019年4月1日施行《しこう》の関連法では、有給休暇《きゅうか》取得の義務化や残業時間の上限が定められ、特に、残業時間が「年720時間」を超えた企業には刑事罰が科されることになった。中小企業の残業規制は2020年4月1日から施行。

そして、会社に対しては、一生懸命《いっしょうけんめい》、「最低賃金《さいていちんぎん》を上げろ」と言っています。「給料《きゅうりょう》を上げろ」「休みを増《ふ》やせ」と言いながら、しかし、「税金《ぜいきん》はもっと払《はら》え」とも言っているのです。

「これが最後に行き着く先は、どうなるのだろう」と思ってしまいます。目先というか、政権《せいけん》を担当《たんとう》している間は、何となく誰《だれ》にとってもいいように聞こえますが、「これは最終的にはどうなるのだろう」と思うのです。

やはり、日本の国際競争力《こくさいきょうそうりょく》は落ちるでしょう。

どちらかというと、「各自《かくじ》、昔の江戸《えど》っ子気質《かたぎ》のように、借金《しゃっきん》をしても踏《ふ》み倒《たお》し、働かず、貯金《ちょきん》をしないで、その日暮《ぐ》らしをしろ」と言われているように見えてしかたがないのです。

何か変《へん》な、「気持ちが悪い感じの親切さ」を感じてしかたがありません。

一方で、「好景気《こうけいき》が続《つづ》いている」というようなことが政府側《がわ》から報道《ほうどう》されてはいるのですが、生活実感的には、締《し》め上がってくる感じの厳《きび》しさがあります。

政府は、「貯金を崩《くず》して、使え、使え」とおっしゃるのですが、それを使い続けていったら、貯金がなくなっていきますし、無駄《むだ》なものをたくさん買ってしまったあとで、「要《い》らないのですが、どうしたらよいでしょうか」という感じになりそうな気もします。何かがどうも違《ちが》うような気がするのです。

学ぶ側《がわ》と教える側が相呼応《あいこおう》したとき、「人材《じんざい》」「人物」が出てくる

二〇一八年からは、「ゆとり世代」というか、小学校から全課程《ぜんかてい》で「ゆとり教育」を受けた人たちが幸福の科学に新入職員《しょくいん》として入ってきています。まだ能力《のうりょく》のほどはよく分からないのですが、少し恐《おそ》ろしい感じを受けてはいます。

教育の中身まではチェックできていないので、よく分からないのですが、少なくとも、教科書等の内容《ないよう》は、私の時代に比《くら》べると、明らかに半分程度しかありま

せんでした。「半分の内容を一年間かけて教えている」ということであれば、これは、どうなのでしょうか。

「塾《じゅく》で疲《つか》れた頭を学校で休めなさい」という意味だったら、少し理解《りかい》はできますし、「塾に払う費用《ひよう》がなくなるだろうから、学校を無償《むしょう》化する」ということなら、これも意味は分かります。

ただ、そういうことであれば、国家がだんだん教育権を手放していくことになるのでしょうから、「それならそれで、国はなるべく口を出さないようになっていかねばならないのではないか」という気はするのです。

本来、教育というのは、自分のほうから「学びたい」と思う者がいなければ駄目《だめ》ですし、そう思う者に対して、教える側《がわ》は、「よし、それなら教えてやろう」という感じでなくてはなりません。そして、高度なものに関《かん》しても、その人の意欲《いよく》に合わせて教えていこうとするものでなくてはならないのです。

そういう姿勢《しせい》が相呼応《あいこおう》したときに、「人材《じんざい》」ができてきて、「人物」が出てくるものだと私は思います。

ところが、どうも、人間を一律《いちりつ》に「工場の生産《せいさん》ラインでつくられるもの」という感じで見る人間観《かん》が広まっているように見えてしかたがないのです。

ロボットなどは便利《べんり》なものですし、だんだん、人工知能、ＡＩがいろいろなものを動かす時代になってくるだろうと思うのですが、それは、よいことのようでもあり、悪いことのようでもあります。

ＡＩやロボットはどんどん増えていくでしょうから、その関連《かんれん》の仕事をやっている人だと、競争に勝てば儲《もう》かって市場も広がると思いますが、一方、それと直《ちょく》接《せつ》には関係のない世界に生きている人たちの場合、だんだん、職場から追いやられ、賃金は下がり、待機《たいき》させられる時間が増えてくる可能《かのう》性が高いのではないかと思うのです。

かえって融通《ゆうずう》が利《き》かなくなった最新機能《さいしんきのう》は「進化」と言えるのか

私は、以前《いぜん》に買った車に十年間ぐらい乗っていたのですが、「修理《しゅうり》、修繕《しゅうぜん》の費用がすごく高くて、下手《へた》をしたら、毎年百万円ぐらいかかる」と言われ、リースの車に切り替《か》えました。「修繕費のほうが高くつくし、五年もしたら、機種《きしゅ》も変《か》わり、もっとよいものが出てくるので、古い車を自分で持っていたら損《そん》だ」というわけです。

リースでもよいのですが、その車に初乗《はつの》りに近い感じで乗ってみたら、まるでタクシーに乗っているようでした。本法話《ほうわ》の会場となった東京正心館《しょうしんかん》に入る直前のところでシートベルトを外すと、チンコンチンコンと全員の席《せき》で鳴り始め、タクシーのような感じで、「シートベルトが外れています」という合図をし始めたのです。機能《きのう》としては増《ま》したのかもしれませんが、「これはうるさいな」と思いました。

タクシーの場合には、シートベルトを外したら、「お着けください」とすぐ言われたりするのですが、建物《たてもの》のなかに入る直前に外すのは、こちらの勝手です。高速道路を走っているときなどではないため、こちらとしては「安全だ」と思って外したのですが、チンコンチンコンと一斉《いっせい》に鳴り始めたので、これが本当に機能が進んでいると言えるのかどうかは分かりません。

そのように、「高級車」と言われていても、うるさいのです。黙《だま》るときには黙り、言うときには言ってくれればよいのですが、そうではありません。「居眠《いねむ》りをしていて危《あぶ》ない」などというときだったら、運転手を目覚《めざ》めさせるのは大事ですが、何となく気になるところがありました。

「AIなどの進化」は社会、雇用《こよう》、経営《けいえい》に何をもたらすか

このような感じの世界が、今後、あちこちで展開《てんかい》してくるのだろうと思います。

そういう意味では、ＡＩなどの機械類《きかいるい》の進化によるコンピュータ社会ができてくるのでしょう。

それには、もちろん、よい面もあります。単純《たんじゅん》に考えれば、人手が要らなくなってコストダウンになり、会社の経営《けいえい》が安定する場合もあります。

しかし、逆《ぎゃく》に言えば、単純労働《ろうどう》をしている人たちの雇用《こよう》は当然《とうぜん》減《へ》っていきます。裏《うら》を読めば、政府が「休みを増やせ」と言っているのは、「一年の半分ぐらいしか働くな」と言っているようにも聞こえるので、そうすると、「臨時《りんじ》雇用が増える」と言っているのではないかと思ったりもするのです。

また、「休みを増やせ」と言いつつも、コンビニなどのように休めないところ

もあります。建築業者《けんちくぎょうしゃ》にも締め切りがあり、それまでに納品《のうひん》しなくてはいけないので、なかなか休めませんし、納期に間に合わせるためには、人を新たに雇《やと》わなくてはいけなくなることもあります。

そういうことも含《ふく》め、政府が総合的《そうごうてき》に賢《かしこ》く考えてくれているのならよいのですが、そうでなければ、問題が出てくるかもしれません。

2 ロボットにできない「精神的価値《せいしんてきかち》」のある仕事をするには

AIは「言語系《けい》」には、まだ十分に対応《たいおう》できない

AIといっても、まだそれほど完成《かんせい》したものではないのですが、将棋《しょうぎ》や囲碁《いご》の名人クラスに勝てるようになってきたらしいので、これは恐《おそ》るべしだと思います。

プロの将棋指しになろうと思っている少年たちも、将棋ブームに沸《わ》いているのですが、「棋士《きし》にとって、先は危《あぶ》ない」というのが正直なところです。ただ、AIを使っても、まだ十分に対応《たいおう》できないものもあります。特《とく》に「言語系《けい》」には、まだコンピュータでは十分に対応できない部分があるようです。例《たと》えば、「人工知能《ちのう》を鍛《きた》えて英語《えいご》能力を上げたところ、TOEIC《トーイック》の九百点レベルまで来始めた」と言われています。

しかし、ハッピー・サイエンス・ユニバーシティ（HSU）では〝人力《じんりき》〟で英語を教えていますが、学生たちはどんどん九百点を超《こ》えられるようになっているので、人間の頭もバカにしたものではなく、まだコンピュータに負けないところはあります。

また、大学入試《にゅうし》の問題を人工知能に解《と》かせると、まだ、一流校に合格《ごうかく》できるところまでは行かないようです。数学や物理、あるいは完全に暗記だけの科目など

●ハッピー・サイエンス・ユニバーシティ（HSU）　2015年4月に開学した「日本発の本格私学」。「幸福の探究と新文明の創造」を建学の精神とし、「人間幸福学部」「経営成功学部」「未来産業学部」「未来創造学部」の4学部からなる。千葉県長生村《ちょうせいむら》と東京都江東区にキャンパスがある。

では、ある程度《ていど》、点を取れるそうですが、英語や国語を中心とする、自由自在《じゆうじざい》に〝動いてくる〟ような科目については、対応能力は低《ひく》いと言われています。

みなさんのなかには、コンピュータや人工知能系統《けいとう》の技術者《ぎじゅつしゃ》もいるでしょうから、そういう人たちの未来《みらい》を暗くするつもりはありません。そうした仕事をなさっている方は、どうぞ、他人《ひと》よりも優《すぐ》れたものをつくり、その競争《きょうそう》のなかで少しでも早く未来への道を拓《ひら》き、大を成《な》していただきたいと思っています。

ロボットにはできない、人間にしかできない仕事

一方、そういうものに関係《かんけい》のない人たち、どちらかというと、機械《きかい》に取って代わられそうな職業《しょくぎょう》に就《つ》いている人たちは、これと対抗《たいこう》しなければいけないわけです。ロボットやコンピュータ等に代替《だいたい》されないよう、できるだけ仕事に付加価値《ふかかち》をつくり出していかないと生き残《のこ》れないのです。

今はお寺の仕事にまでコンピュータ等が入ってきています。アマゾンなどは〝坊主宅配便《ぼうずたくはいびん》〟でお坊さんの手配をやっています。お経《きょう》も、コンピュータが選《えら》んで、あげてくれるかもしれませんし、戒名《かいみょう》については、その人の経歴《けいれき》と名前を入力すれば漢字で出てくるようですし、戒名の値段《ねだん》は三十万円以下《い》にまで下《か》がってきたりもしているようです。

ただ、それだと、やはり、「ありがたみ」がなくなるので、お寺の未来は危険《きけん》にさらされていると思います。

これは、他人事ながら、まことに申し訳《わけ》ないことです。

幸福の科学の信者《しんじゃ》のなかには、お寺の正式な住職《じゅうしょく》もたくさんいて、私の著書《ちょしょ》を読むとともに、お経もあげているのですが、気をつけないと、先行き、この職業は本当になくなる可能《かのう》性があるのです。

住職のまねをしたロボットが、木魚《もくぎょ》をポクポク叩《たた》きながら、相手の希望《きぼう》に合わせてお経をあげるようになることもありえます。そして、「どういう読み方がよろしいですか。速度を少し上げましょうか。早く終わりたければ、一時間のものを三十分で読み上げることも可能です。途中《とちゅう》を省略《しょうりゃく》したり、二倍速で読んだりすることもできますよ」などと言われるかもしれません。

そういうサービスが生まれるかもしれないのですが、「それで宗教《しゅうきょう》として、供《く》養《よう》という目的《もくてき》を果《は》たせるのかどうか」というところについては疑問《ぎもん》があります。「そうした精神《せいしん》的なものや、本来の目標《もくひょう》を達成《たっせい》するためには、何が必要《ひつよう》なのか」という観点《かんてん》から、もう一度、仕事というものを見てみなくてはなりません。単《たん》に、「肉体的に楽だ」とか、「コストが安くなる」とか、そういうことだけでは済《す》まないと思うのです。

人間ができることとは何かというと、例えば、新しいアイデアを出すことなどです。人間には着想力のようなものが備《そな》わっています。

先ほど、「言語系のところでは、コンピュータはまだ後《おく》れている」と述《の》べましたが、例えば、小説《しょうせつ》等の文章を書いたり、絵画《かいが》や音楽等の芸術《げいじゅつ》をつくったりすることなど、人間側《がわ》でできるもののなかに、機械ではついていけないものがたくさんあります。

特に大事なのは情緒《じょうしょ》系統です。「心の安定や平和、向上」のためにやれるような仕事には、機械では代われないものはそうとうあるので、ここのところはまだまだレベルを上げていけば、先行き、生きる道はあるのです。そのことを知っておいていただきたいと思います。

人生を密度《みつど》の高い、「高貴《こうき》なるもの」にするには

本章では「高貴《こうき》なる義務《ぎむ》を果たすために」というテーマを掲《かか》げていますが、人間としてこの世に生まれた以上、「どのように生きるか」という目標の設定《せってい》が、

やはり大事なのです。

私たちは、単に経費《けいひ》の節約《せつやく》をしたり、単位《たんい》時間当たりの労働《ろうどう》の生産性《せいさん》を機械的に上げたりするためだけに生きているわけではありません。やはり、「人生の生き方を高めていく」ということが非常《ひじょう》に大事です。平均寿命《へいきんじゅみょう》は延《の》びてきてはいますが、「今生《こんじょう》の寿命を、この一生をどれだけ密度《みつど》高く生きられるか」ということが非常に大事であろうと思うのです。

「では、どうやったら、密度の高い人生を生きられるか」ということですが、それには「高い志《こころざし》」が大事です。

人間機械観というか、人間について、「アメーバから進化し、機械のように機能しているだけであって、動きが止まったら死ぬ」というような考えを持っていたら、「高貴なるもの」は、どうしても生まれてこないのです。

したがって、努力《どりょく》して、そうした精神的価値を見出《みいだ》していく必要があると思います。

そもそも仕事には「高貴《こうき》なるものを生み出す機能《きのう》」がある

冒頭《ぼうとう》で、「働《はたら》き方改革《かいかく》」の話をしましたが、政府《せいふ》の言っていることを聞くと、「労働は悪」というような考えが入っているように見えてしかたがありません。

ユダヤ教的、キリスト教的な価値観では、「神による罰《ばつ》として、人間は額《ひたい》に汗《あせ》して働かなくてはいけなくなった」「エデンの園《その》で罪《つみ》を犯《おか》し、追い出された結果《けっか》、女性は出産の苦しみを負い、男性は汗を流して働かなくてはいけなくなった」と考えられています。

したがって、欧米《おうべい》の文脈《ぶんみゃく》で読むと、労働には「囚人《しゅうじん》の強制《きょうせい》労働」と同じような意味合いがないわけではないのです。

ただ、日本では、伝統《でんとう》的に、こういう考え方をあまり持ってはいなかったので、これに染《そ》まらなければいけないことはないと思います。

仕事というものは、自分の人生において、魂《たましい》の時間を輝《かがや》かせるための大切な方法の一つだと思います。仕事のなかに魂を込《こ》め、多くの人々のために、そして後世のために遺《のこ》せるようなものをつくっていくことは、とても大事なことだと思うのです。

「刑務所《けいむしょ》の囚人が、罰を受けてやらされている強制労働」と「会社の仕事」とを同じだと思っているなら、やはり問題です。それは幸福ではないのではないかと思います。

自分だけでやれる仕事は少なく、多くの場合はほかの人と共同《きょうどう》し、組織《そしき》でやる仕事だろうと思います。

そういう場合でも、魂を込めて仕事をしていけば、それは「自分自身の喜《よろこ》び」になり、「自分自身の成長」につながります。それは同時に、社会に還元《かんげん》され、人々も幸福になったり、喜びが増幅《ぞうふく》したりします。そうした社会をつくっていくように、仕事に精神性を込めていかなければならないのです。

仕事のなかには、本来、そうした「高貴《こうき》なるもの」を生み出していく機能《きのう》があると思います。

したがって、「労働性悪説」的な考え方だけで行くのではなく、もっと仕事を通して社会に貢献《こうけん》し、自分自身も幸福にならなくてはなりません。

そのなかで、豊《ゆた》かになったり、地位や名誉《めいよ》につながったりするものが出てきてもよいとは思うのですが、あくまでも、それは付随《ふずい》的なものなのです。

自分の人生においては、何かを通して自己実現《じこじつげん》をするわけですが、それが、ほかの人の害《がい》になるのではなく、多くの人たちのためになるものであることが大切です。「あなたがいてくれて、よかった」「あなたが仕事をしてくれるおかげで、助かる」と言われるようになりたいものです。

それが生きがいでもあるでしょうし、死んだときの〝死にがい〟でもあろうかと思うのです。「こういう仕事をしてきた」ということに満足《まんぞく》できることが大事です。

こうした「高貴なる義務感」がなければ、人間は、長く働き続《つづ》けることは難《むずか》しいのです。

3 「人生百年時代」に向けて準備《じゅんび》すべきこと

まず「考え方」と「人生観《かん》」を調《ととの》える

「二十一世紀《せいき》中には、平均寿命《へいきんじゅみょう》が百歳《さい》ぐらいにまで延《の》びるのではないか」と言われているので、今、「六十歳ぐらいで仕事が終わる」という従来《じゅうらい》のスタイルから移行《いこう》しようとしており、六十五歳ぐらいまで働《はたら》けるようにしようと企業《きぎょう》は努力《どりょく》していますが、まだ、それほど簡単《かんたん》にはいかないところがあります。

ただ、人間を機械《きかい》のように考え、「だんだん弱っていくものだ」と思っていれば、結局《けっきょく》、そういうことになると思うのですが、これは考え方の問題です。「人生百年が当たり前になる時代が来る」と思えば、それに向けての備《そな》えをしていかなければならないわけです。「もう終わりではなくて、まだ、これからなんだぞ」と考えなくてはなりません。

「五十歳で折《お》り返し点なので、まだ、これからも続《つづ》くぞ」と思ったら、あなたは何をしますか。「五十歳で折り返し点だ」と思ったら、それからあとの五十年を、どうしますか。

この問いかけに答えていく努力をしなければ、本当に、マッチの火のように消えてしまう可能《かのう》性はあると思います。

私は、「御生誕祭《ごせいたんさい》」等で仕事をすることは苦痛《くつう》ではなく、うれしいのですが、「何回目の」「何年目の」と言われるのは嫌《いや》なので、最近《さいきん》では、もう言わなくなっています。数が増《ふ》えていくと、だんだん、もう棺桶《かんおけ》に入らなくてはいけないような気がしてくるので、あまりよろしくないわけです。

貯金《ちょきん》なら、貯《た》まればうれしいので、数が増えていくとうれしいのですが、行事の回数や年数をあまり言われるのはうれしくないので、最近、それを言わないようにしているのです。

私は、世間一般《せけんいっぱん》の定年年齢《ねんれい》をもう超《こ》えてしまったのですが、「こんなもので、くたばってたまるか」という気持ちはあります。私には、「年齢不詳《ふしょう》の」という形容詞《けいようし》がついて報道《ほうどう》される場合もたまにあるのですが、「年齢不詳」で結構《けっこう》です。「もう終わりだ」と思っている人にとっては、人生の終わりでしょうが、「終わりだ」と思っていない人にとっては、まだまだ仕事は続いていくのです。

「仕事を続けていくためには、どうするか」というと、仕事の〝種《たね》〟を仕込《しこ》みながら、継続《けいぞく》して自分を鍛《きた》え続けて、多くの人の喜《よろこ》びを自分の喜びと考える人生観《かん》を持つことが大事なのではないかと思います。

「仕事を怠《なま》ける誘惑《ゆうわく》」に負けないよう考え直す

私は説法《せっぽう》も数多く行《おこな》っていますが、「あまりたくさん説法をしないほうがよいのではないか。そのほうが、聴《き》くほうとしては、たまに聴きに来ればよいだけだから、もっと大勢《おおぜい》の人が来てくれるのではないか」という誘惑《ゆうわく》に駆《か》られることもあります。「少し回数を減《へ》らして月一回などにしたら、大勢の人が来るだろう」と思ったりもするのです。

しかし、「いや、その誘惑に負けたら、こちらも怠《なま》けてしまう」と考え直しています。

今は、一年間に百回以上《いじょう》も説法ができています。それを年に二十回ぐらいにすると、もっと大勢の人が来て支部《しぶ》が賑《にぎ》わっているように見えるので、「そのほうがよいのではないか」と思うかもしれませんが、それだと、一年でできることを五年かけて行うように感じられるので、そういうわけにはいかないのです。

ですから、私としては、やるべきことはやりますが、「それをどのように活用して伝道《でんどう》などを行い、まだ真理に触《ふ》れていない人たちに説法等を観《み》ていただくか」ということは、弟子《でし》のほうの仕事です。したがって、「法を広げるは弟子にあり」ということを胸《むね》に刻《きざ》み、頑張《がんば》ってほしいと思います。

放っておいたら、幸福の科学の支部に来るのは、いつも同じメンバーになり、説法の回数が増えると、必《かなら》ずしも毎回は来られなくなるので、ほかの人を呼《よ》ばなくてはなりません。それだけのことです。「このような御法話《ごほうわ》がありますから、どうぞ観てください」とお願《ねが》いすればよいわけです。

やはり、弟子のほうの仕事もなければいけないのではないかと思いますし、自分に甘《あま》くあってはならないのではないかと考えています。

若返《わかがえ》り実践法《じっせんほう》①――幸福の科学の思想とコミュニティに触《ふ》れる

なお、幸福の科学の信者《しんじゃ》の方々の年齢はバラバラではありますが、当会のよいところは、「老《お》いも若《わか》きも共《とも》に、ある程度《ていど》、気持ちが若い」というところでしょう。当会の思想には、「一定の年齢を超えた人を若返らせる効果《こうか》」があります。

一方、若い人は、少し大人びたものの考え方ができるというメリットがあります。そのため、当会で勉強している人たちというのは、若くして就職《しゅうしょく》しても、会社のほうから見れば、ゆとり世代で頭が〝スポンジ〟のようになっている同年齢の他の人たちに比《くら》べると、「何だか中身が充実《じゅうじつ》していて、若いのに、ときどき、管理職《かんりしょく》のような考え方ができる〝変《へん》な人〟だな」と思われているかもしれません。

今、そういう人たちが出てきているのではないかと思います。

若返り実践法②——「スマホ泡情報《あぶくじょうほう》」ではなく「深い智慧《ちえ》」を

では、長い人生を充実させ、豊《ゆた》かに過《す》ごしていくためにはどうすればよいのでしょうか。

一つには、「知的好奇心《ちてきこうきしん》」を持ってください。

「まだまだ新しいことを知りたい」というように、まだ自分が十分に分かっていないことに関心《かんしん》を持ち、それについて、もう少し、人に語ったり、書いたり、発表したり、アイデアとして使ったりできるような自分になれるようにしてください。すべての領域《りょういき》についてできる、「全智全能《ぜんちぜんのう》」という人は、ほとんどいないのではないかと思います。

現代《げんだい》の人は、スマホ世代で、だいたい、スマホで簡単な情報《じょうほう》は取れるのでしょう。しかし、例《たと》えば、私のように、本を書いたり、大勢の前で講演《こうえん》をしたりしているレベルになると、スマホの情報を使っているようでは、ほとんど、ほかの人も知っている内容になるので、はっきり言って駄目《だめ》なのです。

やはり、いろいろな研究書などを、みながあまり読めないところまで読んでいなくてはいけません。また、日本語に翻訳《ほんやく》されているものだけでは駄目で、日本語になっていないものも、読めるものは読んでいくなどして、さまざまなことについて研究していかなければいけないのです。

そのように、「もう一段《いちだん》の深さ」というものを持つようにしてください。現代は、流れは速いものの、浅《あさ》く流れて消えていく泡《あぶく》のような情報がたくさん使われています。

そうした、すぐ消えていく情報を、大量《たいりょう》に短期間で処理《しょり》できる人のことを「知的巨人《きょじん》」などと言う場合もあるようですが、私から見ると、知的巨人には見えません。どうも、それは「情報処理能力」のことを言っているのではないかと思うのです。それで言えば、先ほど述《の》べたコンピュータ（ＡＩ）に、いずれ負けるのは確実《かくじつ》でしょう。

確《たし》かに、そうした「知的巨人」と言われる人は、ほかの人より鋭《するど》く分析《ぶんせき》したりしているようには見えるかもしれません。しかし、もう一段、腰《こし》を据《す》え、深く掘《ほ》り下げて、智慧《ちえ》にまで高めていかなければ駄目なのではないかと思うのです。

そういう努力を続けていけば、おそらく、六十歳定年が六十五歳、七十歳、七十五歳、八十歳と延びていっても、まだまだ、頭は現役《げんえき》でいられるでしょう。

若返り実践法③――医者要《い》らずの「体づくり」と「奇跡体験《きせきたいけん》」

そして、体も丹念《たんねん》に鍛え、かつ、ときどき休ませる工夫《くふう》をしてコントロールしていけば、「医者要《い》らず」「病院要らず」の生涯《しょうがい》現役人生が近づいてくると思います。

　本書を読んでいる人のなかに、医者や病院に勤《つと》めているような人がいたら申し訳ないのですが、今は制度《せいど》に護《まも》られて、やや不当に儲《もう》かっている部分もあると思うので、多少、各人《かくじん》の努力で病院に高いお金を払《はら》わなくてもよいようにしたとしても、それは許《ゆる》される範囲《はんい》でしょう。そのように思ってください。

　医学のほうもだんだん進化しているのだろうとは思いますが、本当は存在《そんざい》しない病気を〝つくり出す〟ようなところもあるので、気をつけないといけません。

　幸福の科学の布教誌《ふきょうし》などにも、病気が治《なお》った話がときどき出ているので、そのうち目くじらを立ててマークされる可能性もないわけではないのですが、幸いなことに、奇跡《きせき》は病院が潰《つぶ》れるほどには起きないでいます。

　奇跡というのは、必要《ひつよう》な人に必要なときには起きますが、どこでも起きると奇跡ではなくなってしまうので、「みなさんの目を覚《さ》まさせるようなことが、ときどき、いろいろなところで起きる」というかたちになっているわけです。

4　インスピレーショナブル仕事法《ほう》

「天上界《てんじょうかい》の作家」が降《お》ろしてくれている幸福の科学映画《えいが》の原作ストーリー

ちなみに、この世の技術《ぎじゅつ》やテクノロジー、情報《じょうほう》がいくら増《ふ》えても、私がやっている仕事の分野の情報は、全然《ぜんぜん》、増えていません。一九八一年ぐらいからこの仕事を始めているのですが、その後、この世の中はそうとう変《か》わりました。しかし、あの世の世界についての情報などといったものは、やはり、どこも取れないでいます。

最近《さいきん》、●司馬遼太郎《しばりょうたろう》さんの霊《れい》に、「愛国心《あいこくしん》」について訊《き》いたのですが、その霊言《れいげん》

●司馬遼太郎さんの霊に……　2018年4月19日収録。『司馬遼太郎　愛国心を語る』（幸福の科学出版刊）参照。

のなかでも、司馬さんは、「地獄《じごく》からのインスピレーションを受けた映画《えいが》作品はよく出ているようには思うけれども、私がインスピレーションを降《お》ろすようなところなどないんだ」というように言っていました。

それは、そうだろうとは思います。司馬遼太郎さんが、わざわざ、あちこちに行って、インスピレーションを降ろさなくてはいけない理由は何もないわけです。

例《たと》えば、幸福の科学グループでも映画をつくっていますが、当会の本というのは、基本的《きほん》に、フィクションではなくノンフィクションで教えが書かれているので、映画化するときにストーリーが要《い》ります。小説《しょうせつ》のようになっていないものが多いので、映画をつくるときには、いちおう、原作ストーリーとして、小説のコンセプトのような部分をつくらなくてはいけないのです。

それは私がつくっているのですが、二〇一八年になってから、十三作分ほど、そのもとをつくりました。二〇二四年以降《いこう》まで映画が続《つづ》くように、原作ストーリーをつくり、また、丁寧《ていねい》に、その主題歌や挿入歌《そうにゅうか》も四十曲つくりました。

そのように、みなさんがあと何年か後に聴《き》く歌まで作曲していますが、これは、私の仕事のやり方なので、しかたがありません。

そうしたなかで、先ほど述《の》べた司馬遼太郎さんが、私のところに来て霊言をしただけではなく、映画の原作ストーリーまで降ろしてくれているのですから、これは非常《ひじょう》に貴重《きちょう》でしょう。

これは、今のところ、「愛国女子」という題名で、二〇二二年ぐらいに上映される予定になっています。予算とつくる順番の関係上《かんけいじょう》、それほど早くはつくれないのですが、この映画の原作ストーリーは、司馬遼太郎さんの霊が私に降りて書いてくれたのです。

ただ、この人が私に入ると、何か椅子《いす》に斜《なな》めに座《すわ》って長く書き始めたので、「これは長編《ちょうへん》小説になるのではないか。あまり長く書かれると、映画が二時間で収《おさ》まらなくなるのだけれども、これで毎日書くつもりでいるのではないか」と思って、やや心配になってきました。そのため、途中《とちゅう》で、「もう、あとは吹《ふ》き込《こ》みにしましょう」と言って、音声で録《と》って書いたところもあります。

そのように司馬遼太郎さんや、芥川龍之介《あくたがわりゅうのすけ》さん、夏目漱石《なつめそうせき》さんといった人たちの霊が天上界《てんじょうかい》から降りてきてくれて、映画の原作ストーリーに当たる小説の核《かく》の部分を書いてくださるのです。あるいは、三島由紀夫《みしまゆきお》さんの霊も出てきています。

このようなかたちでできたものが、これからズラッと実写映画として順番に出てくるので、これはそうとうな値打《ねう》ちがあるでしょう。

もちろん、こういった人たちであれば、この世にいたときに書いたものにも値打ちはあるでしょうが、さらに、あの世に還《かえ》って勉強を積《つ》んだ上での霊示《れいじ》ですから、そうとう値打ちのある、差別《さべつ》化のできた映画が、今後、出てくると思うのです。

その意味では、「コンピュータ（ＡＩ）がつくれるものなら、つくってみなさい」という感じです。これは一種《いっしゅ》の戦《たたか》いだと思いますが、絶対《ぜったい》にできはしないでしょう。

私は、こういった作家たちに、生前、大してお金を払《はら》っていないので、申し訳《わけ》ないとは思います。今、本を買うことができれば、遺《のこ》された家族に、多少、印税《いんぜい》は入るのかもしれませんが、霊界《れいかい》の本人たちには入らないのは確実《かくじつ》ですので、申し訳ないとは思いつつも、今、そういった仕事をやっています。

インスピレーショナブル仕事法《ほう》①――心境《しんきょう》を調《ととの》える

天上界の高級霊界には、「この世の中に、『この人は、手伝《てつだ》ってあげたい』『助けてあげたい』と気持ちよく思える人がいたら、インスピレーションを降ろしたりして、ヘルプしよう」と思っている霊人《れいじん》は、たくさんいるのです。

例えば、映画や小説もそうですし、劇《げき》であろうとマンガであろうと、アニメであろうと音楽であろうと、あるいは、新しいデザインや流行の服などにも、いろいろなかたちでインスピレーションを降ろすもとの霊人がたくさんいます。

これは、みなさんの、この世における精進《しょうじん》、努力次第《どりょくしだい》であり、その霊人たちが「降ろしてもいいかな」と思うような心境《しんきょう》になれば、アドバイスを降ろしてくださるので、勉強のしがいがあるわけです。

もちろん、「各人《かくじん》がみな、仏《ほとけ》になる」とまではなかなか言えないレベルではありますが、幸福の科学で勉強していると、仏に近づくことは可能《かのう》であり、人間として生きていたときに立派《りっぱ》だった高級霊たちが、アドバイスを降ろしてくれるようになります。

そうすると、いろいろな仕事をしていても、インスピレーションがどんどん湧《わ》いてきて、実際《じっさい》に、同業他社や同じ仕事をやっているようなほかの人に比《くら》べれば、極《きわ》めてインスピレーショナブルになったり、何か霊感《れいかん》を受けたような感じのものができてくるでしょう。

インスピレーショナブル仕事法②——霊的自己啓発《れいてきじこけいはつ》の努力《どりょく》

そのように、霊感《れいかん》を受けて仕事をしていても、それは、霊感が降りてくるのをただ待っているだけではありません。先ほど述べたように、知的好奇心《ちてきこうきしん》を持って勤勉《きんべん》に努力《どりょく》をし、小刻《こきざ》みに鍛《きた》えながら自分づくりをして、「できるかぎり生涯現《しょうがいげん》役《えき》に近づけていこう。あとになればなるほど、よいものを生み出していこう」というような気持ちを持っていれば、おそらく、そのようになってくるだろうと思うのです。

そういう意味では、幸福の科学の本やCD、DVDで私の法話《ほうわ》の勉強をしたり、●公案研修《こうあんけんしゅう》を受けたりするのは、「あの世とのチャンネル」をつくるための極めて

●公案研修　公案とは、悟《さと》りを深めるために参究する智慧《ちえ》の言葉。幸福の科学の支部や精舎《しょうじゃ》では、公案型研修が多数開催されている。

重要《じゅうよう》な重要な機会《きかい》なので、本当に大事にしていただきたいと思います。

「これから先は、あまり金利《きんり》が付《つ》かない時代なので、お金の使い道がない」という人は、将来《しょうらい》、自分の道を拓《ひら》くため、自己啓発《じこけいはつ》のためにお金を使っていくとよいでしょう。

インスピレーショナブル仕事法③——他の役に立つ志《こころざし》

ただし、当会の場合、個人《こじん》の自己実現のみを勧《すす》めているわけではないので、どうか、ここは間違《まちが》わないようにしてください。当会では、「自分自身をインプルーブ（進歩）させ、レベルアップさせる能力は、他の人々の役に立って初《はじ》めて、あなた自身に戻《もど》ってくるのだ」という言い方を必《かなら》ずしているので、どうか、そのあたりはよく理解《りかい》していただければと思います。

そうした「高貴な精神を持った人」を、日本そして外国の人も含《ふく》めて、数多くつくっていくことが大事なのです。

そういう意味で、伝道《でんどう》を推《お》し進めるということは、単《たん》に「教団《きょうだん》として権力《けんりょく》や権《けん》勢《せい》を持つ」ということではなく、「未来《みらい》社会を支《ささ》える人材《じんざい》をより多くつくってていく力、豊《ゆた》かで精神性を兼《か》ね備《そな》えた社会をつくっていく力になるのだ」ということを知っていただきたいと思います。

世界全体を見れば、まだまだ、貧《まず》しい地域《ちいき》は多いのです。先ほど、病院の話もしましたが、病院さえなく、学校も十分になく、教育も十分に受けられない人がたくさんいますし、そうした国々が現にあります。

しかし、そういう人たちに何かしてあげたくても、実際にやってみると、貧しい層《そう》の数が多すぎて、とてもではないですができないのです。底《そこ》なし沼《ぬま》を埋《う》めているようで、いくらでも吸《す》い込んでいくので、当会の国際本部あたりの〝かすかな収入《しゅうにゅう》〟では、なかなか埋め尽《つ》くせないものがあります。

国によっては、年収が日本の百分の一ぐらいのところもたくさんあり、そういうところへ行くと、何だか分かりませんが、お布施《ふせ》を頂《いただ》くよりは、こちらからの炊《た》き出し風の持ち出しが増えてしかたがありません。本などを現地の言葉で刷《す》っても、タダで配るようなことが多くなって、「広げたいけれども行き止まり」という部分があるのです。

5 「一国平和主義《しゅぎ》」を見直す理由と方法《ほうほう》

敗戦《はいせん》当時、このような憲法《けんぽう》がつくられた理由

そうした世界の状況《じょうきょう》を知りながら、現《げん》時点で平和な日本のなかで生きることの意味を考えることも大事ではないかと思います。日本では、戦後《せんご》七十年以上《いじょう》、

「一国平和主義《しゅぎ》」がずっと続《つづ》いてきましたが、やはり、このままでよいのかということを考えなくてはいけません。

本章のもとになる法話《ほうわ》は憲法記念日《けんぽうきねんび》（五月三日）に行《おこな》ったものですが、最近《さいきん》は、憲法についての議論《ぎろん》の熱《ねつ》がだいぶ下がってきていて、みな、どうでもよくなってきつつあるようです（説法《せっぽう》時点）。

もちろん、そういう時期があってもしかたがないかとは思います。確《たし》かに、戦後は、「現行憲法を守っていれば、日本は平和で安定的に発展《はってん》する」という考え方がずっと続いてきました。

しかし、現在《げんざい》の国際情勢《こくさいじょうせい》を見ると、日本国憲法が想定しているような世界ではないでしょう。

おそらく、敗戦《はいせん》当時の日本というのは、現在の北朝鮮《きたちょうせん》のように見られていたに違《ちが》いありません。その意味で、日本国憲法というのは、「〝北朝鮮のような日本〟に、今後、二度と牙《きば》を剝《む》かせないためにはどうするか。そのためには、ここまで（戦《せん》争放棄《そうほうき》や戦力不保持《ふほじ》を規定《きてい》した）憲法をつくっておけば、もうどうにもできないだろう」と考えてつくられたもののように、私には見えてしかたがないのです。

実はアメリカよりもずっと昔から民主的《みんしゅ》だった日本

ところが、それを逆手《ぎゃくて》に取って、敗戦後、よい国をつくったところは、現実に生きてきた日本人たちの努力《どりょく》の成果《せいか》だと思いますし、それは、戦前も本当は勤勉《きんべん》だった日本人の精神《せいしん》が、戦後もまた生き返ったからであると思います。

そもそも、アメリカから日本の憲法をつくりに来た人たちというのは、本当は、「日本は、敗戦によって、やっとデモクラシー（民主主義《みんしゅ》）ができた」というぐらいに思っている人が多かったと思います。しかし、実際のところ、日本では、明治《めいじ》憲法（大日本帝国《ていこく》憲法）の時代から議会制《せい》民主主義は出来上がっていましたし、明治維新《いしん》は「四民平等《しみんびょうどう》」を掲《かか》げた維新であったわけですから、日本はアメリカよりも進んでいたのです。

アメリカなどは、ケネディ大統領《だいとうりょう》の時代に、まだ黒人差別《さべつ》がありました。そのため、改革《かいかく》しようとしたケネディは、黒人差別が強かったアメリカ南部に行ったときに暗殺《あんさつ》されたりもしているわけです。

一九六〇年代当時のアメリカでも、戦争があれば、戦地などの危険《きけん》なところには黒人を優先的《ゆうせん》に送ったりもしました。また、黒人に対して、「同じバスに乗せない」とか、「同じ学校で教育は受けさせない」とか、「同じトイレは使わせない」といったことが、一九六〇年代には、まだ普通《ふつう》のことだったのです。そうしたなかで、ケネディは改革運動を行っていたわけです。

これに比《くら》べれば、明治維新のときの日本の「四民平等」のほうが、よほど進んでいます。そういう意味では、日本はけっこう開けていたのです。そうした文化的なレベルというのは、おそらく、平安時代かそれ以前より、もともと、ある程《てい》度《ど》あったのだと思われます。

したがって、このあたりの日本のよさについては、自信《じしん》を持つべきものとして、きちんと認《みと》めるべきだと思うのです。

北朝鮮《きたちょうせん》の「無血開城《むけつかいじょう》」を訴《うった》え続《つづ》けてきた幸福の科学

そういう観点《かんてん》を含《ふく》めて、これからの日本の国と、日本を取り巻《ま》く諸《しょ》外国等を含めた「あるべき姿《すがた》」についても、簡単《かんたん》に語っておきたいと思います。

二〇一八年四月には、南北朝鮮《ちょうせん》のトップ会談が行われ、何か急に平和ムードが加速《かそく》されたようにも見えましたし、そのような報道《ほうどう》も増《ふ》えました。また、「金正恩《キムジョンウン》氏《し》と文在寅《ムンジェイン》氏の二人が、二〇一八年のノーベル平和賞《しょう》予想のいちばん人気だ」などと言っていたところもあるので、本当に大丈夫《だいじょうぶ》かなと思ったりもしました。

その前年には、アメリカに対して「弾道《だんどう》ミサイルを撃《う》ちまくる」などと言っていた金正恩氏が、冬季《とうき》オリンピック（二〇一八年平昌《ピョンチャン》オリンピック冬季競技《きょうぎ》大会）に妹（金与正《キムヨジョン》）を出したら人気が出たので、サッと切り替《か》えて、「平和に向け、非核《ひかく》化を行う」などと言っていますが、それほど簡単に騙《だま》されないようにしたほうがよいでしょう。

ずっと長く、原爆《げんばく》をつくり、水爆をつくってきて、「長距離《ちょうきょり》弾道ミサイルで、アメリカとでも戦争するぞ」と前年まで言っていたのに、急にコロッと変《か》わるというのは、普通、ありえないことです。

そのようなことをするのは、「よほど何か危機《きき》的状況が国内にあって、そうしなければ生き残《のこ》れないために、そのように見せているか」、あるいは、「さらに老獪《ろうかい》なことを考えているか」のどちらかであることが多いと思います。

もちろん、私は、戦争することなく、話し合いだけで平和になるのは結構《けっこう》なことだと思っており、それについては、全然《ぜんぜん》、反対していません。●二〇一七年の特《とく》別大講演会《べつだいこうえんかい》の法話でも、北朝鮮に対して無血開城《むけつかいじょう》を訴《うった》えています。「核やミサイルを完全《かんぜん》に放棄《ほうき》せよ」と述《の》べているので、別に、戦争して勝つことだけを説《と》いているわけではありません。

「真のリーダーか独裁者《どくさいしゃ》か」、国家のトップを見極《みきわ》めるポイント

やはり、トップがどのような人かをよく見極《みきわ》めなければいけないでしょう。それが「独裁者《どくさいしゃ》なのか」、それとも、「能力《のうりょく》が高くて、本当にリーダーになっており、その人がいなかったら、みなをまとめていけないのか」というところの見極めが大事だと思うのです。

これらのどこに違いがあるかというと、「そのトップが、いざというときには自己犠牲《じこぎせい》の精神を持っているかどうか。国民を救《すく》うためだったら、自分は犠牲に

●二〇一七年の特別大講演会の法話　2017年8月2日、東京ドームにおいて、「人類の選択」と題し、特別大講演会を行った。『信仰の法』（幸福の科学出版刊）第6章参照。

なってもいいという気持ちを持っているかどうか」というところです。こうした自己犠牲の精神を持っているかどうかで、ヒーローとヒーローでない人との違いは、明らかに分かれてくるわけです。

日本のことをあまり言いすぎるのはよくないのかもしれませんが、例《たと》えば、昭和天皇《てんのう》も戦後、マッカーサーの前に、直接現《ちょくせつあらわ》れて、「私はどうなってもいいから国民を救ってくれ」というようにおっしゃったので、マッカーサーは感動して、「ああ、生ける神を見た」というようなことを言っています。

マッカーサーの言ったことが本気なのか、お世辞《せじ》が入っているのかは分かりません。ただ、昭和天皇の行動は、独裁者たちが絶対《ぜったい》にしないことであったのは間違いないでしょう。昭和天皇は、「国民が食糧《しょくりょう》に飢《う》え、苦しんでいるから助けてください。私はどうなっても構《かま》いません」ということをおっしゃったわけです。昭和天皇ご自身はそのとき、GHQ（連合国軍最高司令官総司令部《れんごうこくぐんしれいかんそう》）に行って、「マッカーサーに会う以上は、もう捕《つか》まって縛《しば》り首になってもしかたがない」と思っていたはずです。

ＧＨＱのほうには、「天皇陛下《へいか》をしょっ引《ぴ》いて公開処刑《しょけい》してもいい」と思っている人はたくさんいたに違いありません。そういうときに、昭和天皇は、一人で堂々《どうどう》とマッカーサーに会いに行って、「私はどうなってもいいから、国民を助けてくれ」と言ったのです。これが、戦後、皇室《こうしつ》が残った理由の一つであろうとは思います。

今、金正恩氏にそういった気持ちがあるかどうかです。「いや、私はどうなってもいいから非核化します。だから、国民を護《まも》ってください。大勢の国民を殺《ころ》したりするようなことはしないでください」という気持ちでやっているなら、それは認められますし、あとからノーベル平和賞が来ても構わないでしょう。

しかし、そういったつもりではなく、目先を生き延《の》びるためだけにやっているのなら、やはり問題だと思うのです。

6　独裁国《どくさいこく》の侵略《しんりゃく》から人々を救《すく》う義務《ぎむ》を果《は》たせ

北朝鮮《きたちょうせん》の武装解除《ぶそうかいじょ》の方向性はどうあるべきか

ただし、そうした独裁者《どくさいしゃ》を取り除《のぞ》くことだけが大切なのではありません。もし、彼がいなくなったとしても、顔の分からない軍部《ぐんぶ》が軍事独裁政権《せいけん》をつくるのであれば、これはまた大変《たいへん》です。

そういう意味では、「非核《ひかく》化と同時に、長距離《ちょうきょり》弾道弾《だんどうだん》や中距離弾道弾、短距離ミサイル、あるいは、化学兵器《へいき》や生物兵器を含《ふく》めて、危険《きけん》な戦争《せんそう》を起こしそうなものに対しては、完全《かんぜん》に武装解除《ぶそうかいじょ》を成《な》し遂《と》げさせる」ということを、トランプ大《だい》統領《とうりょう》には考えておいてほしいと思います。

トランプ大統領は、金正恩氏《キムジョンウンし》と米朝首脳《しゅのう》会談を行う予定です（注。説法《せっぽう》時点。その後、二〇一八年六月十二日、シンガポールで第一回米朝首脳会談が行われた）。金正恩氏の「非核化」という言葉だけで済《す》ませたり、「今後、努力《どりょく》する」とか、「段階《だんかい》的に努力する」というような言葉に引きずられたりしてほしくはないと思うのです。

この米朝首脳会談については、「モンゴルのウランバートルやシンガポールなどで行う」という話もあったのですが、最近《さいきん》では、「この前、南北朝鮮《ちょうせん》の長《ちょう》が会談をした板門店《はんもんてん》で会ってもいい」というようなことを、トランプ大統領のほうからサウンド（打診《だしん》）というか、言い出していたようです。

もし、そのように、「板門店で会いたい」と言うのであれば、「これは本当に和《わ》戦両様《せんりょうよう》だな」というのが私の感想です。

二〇一八年四月、金正恩氏が韓国《かんこく》に行きましたが、それに対して韓国国民《こくみん》がザッと流れて、北朝鮮の友好《ゆうこう》ムードに騙《だま》されないようにするためには、やはり、アメリカのトップは、「そうではないのだ。アメリカと韓国は同盟国《どうめいこく》であり、その価値観《かちかん》でもって、北朝鮮をきちんと武装解除するのだ」という意志《いし》を持って現地《げんち》に乗り込《こ》むことが大切でしょう。

同時に、その行為《こうい》には、「海兵隊《たい》や、その他の在韓《ざいかん》米軍を励《はげ》ます」という意味があるだろうと思うのです。したがって、そこで決裂《けつれつ》した場合は、すぐに戦争ができる準備《じゅんび》に入れるわけです。

もし、トランプ大統領が「板門店に乗り込む」と言うのであれば、やはり、第七艦隊《かんたい》はトランプ大統領を護《まも》れるところにいなければいけないでしょう。そういう意味で、アメリカには、「軍事的に、国を破壊《はかい》するかどうか」というところまで、あるいは、「完全武装解除するかどうか」というところまで迫《せま》る覚悟《かくご》はあるのではないかと思います（注。本説法の一年後の二〇一九年六月三十日、トランプ大統領は大阪《おおさか》のＧ２０《ジートゥエンティ》に出席《しゅっせき》後、韓国を訪問《ほうもん》し、板門店の軍事境界線《きょうかい》で金正恩氏と、突然《とつぜん》の第三回の米朝首脳会談を行《おこな》った）。

弾圧《だんあつ》されるモンゴル、ウイグル、チベットの悲惨《ひさん》さを思う

ただし、「問題は北朝鮮だけではない」ということも知っていただきたいのです。次は、中国の問題があります。南モンゴル（内モンゴル自治区《じち》）も占領《せんりょう》されたままですし、モンゴル国も厳《きび》しい状態《じょうたい》に置《お》かれたままです。

もちろん、幸福の科学は、モンゴルでも伝道《でんどう》をしています。ただ、モンゴルには、まだ支部《しぶ》がないので、「青空の下で」などと言って、野原に十数人を集めて瞑想《めいそう》を行ったりしており、寂《さび》しいかぎりですが、現実に伝道していますし、モンゴル語の経典《きょうてん》も出してはいます。

また、ウイグル（新疆《しんきょう》ウイグル自治区）についても、幸福実現党《とう》の釈量子《しゃくりょうこ》党首も強く訴《うった》えていますが、中国に占領されて以降《いこう》、同化政策《せいさく》で非常《ひじょう》に弾圧《だんあつ》されています。こちらも、かなり厳しいもののようです。

ウイグルでは、「捕《つか》まった人たちの臓器《ぞうき》が売られている」という話もありますし、「殺《ころ》された人や、強制収容《きょうせいしゅうよう》されて不自由《ふじゆう》の身となっている人は、百万人から二百万人の単位《たんい》でいる」と言われています。

こうした新疆ウイグル自治区、彼らが「東トルキスタン」と呼《よ》んでいるあたりの人たちはイスラム教徒《きょうと》なので、「宗教《しゅうきょう》はアヘンだ」というマルクス主義《しゅぎ》の基本《きほん》教義から言えば、弾圧に値《あたい》するのでしょう。

さらには、チベットも、「セブン・イヤーズ・イン・チベット」（一九九七年公開／松竹富士《しょうちくふじ》＝日本へラルド映画《えいが》）という映画に描《えが》かれているとおり、一九五〇年、中国にいきなり占領されましたし、台湾《たいわん》にも、今、そういう危機《きき》はあります。

●捕まった……　『習近平守護霊　ウイグル弾圧を語る』（幸福の科学出版刊）参照。

あるいは、フィリピンにも危機がないわけではありません。

中国は、そういった地域《ちいき》を覇権《はけん》国家として取っていこうとしていますし、取ってきた〝実績《じっせき》〟もあるので、私が言えることは、もうはっきりしています。

中国に「自由・民主《みんしゅ》・信仰《しんこう》」が入った政治形態《せいじけいたい》を

中国が、これから、政治的《せいじ》に目指すべき方向、また、認《みと》めなければならないのは、「自由」と「民主《みんしゅ》」と「信仰《しんこう》」の三つです。この三つが入った政治形態《けいたい》を未《み》来《らい》に目指すべきです。

独裁国家というのは、「自由」と「民主」を入れるだけで自動的に崩壊《ほうかい》します。国内において、対立する価値観のなかで切磋琢磨《せっさたくま》するようになるので、そこに砲《ほう》弾《だん》を撃《う》ち込む必要《ひつよう》はないのです。中国に対しては、政治的に、「自由」と「民主」を入れれば済むわけです。

あとは、「信仰・信教の自由」のところでしょう。独裁者がいるところというのは、基本的に、この世でつくられた悪法《あくほう》がたくさんあります。そういうところでは、法律《ほうりつ》をつくって、法治国家のように見せているので、法律に基《もと》づいて人を粛清《しゅくせい》したり、いろいろなことができるのです。ところが、実際《じっさい》は、悪法が横行しているわけです。

そのため、「信仰」の部分がどうしても要《い》ります。やはり、人間がつくったものより上の「正義」というものが必要なのです。また、「信仰の自由」が守られることによって、「人権」というものが本当に意味を持つようになってくるわけです。

今も東アジアでは、「他の国を平気で取っている中国に対して、どこも手が出せない」という状態が続《つづ》いています。したがって、私たちは、中国に、「自由・民主・信仰」を政治的価値観として認める国家づくりをさせるために、あるいは、そういった国家へのシフトをかけさせるために、この日本という国を柱として、影響力《えいきょうりょく》を増《ま》していきたいと思っています。

なお、イスラム諸国《しょこく》のなかにも、アルカイダ的な危険なところや、ＩＳ（イスラム国）的なところはかなりあるかもしれません。しかし、マララさんが言っているように、「イスラム諸国の九十パーセントは、民主主義的な政体を受け入れる可能性《かのう》のあるところだ」と私は思っています。したがって、幸福の科学の教えが入ることで、イスラム教の頑《かたく》なな部分は崩《くず》れ、もう少し理解が進むようになると思うのです。

これらのことは、ぜひとも、やってのけたいと思いますので、みなさん、どうか、私たちに五倍、十倍の力をお与《あた》えください。これをお願《ねが》いして、「高貴《こうき》なる義務《ぎむ》を果《は》たすために」という本章の結論《けつろん》といたします。

個人《こじん》も組織《そしき》も成功《せいこう》させる「小さな悟《さと》り」

小さくてもそうですが、お店であれ会社であれ、
成功《せいこう》するための秘訣《ひけつ》としては、人間に本来備《そな》わっている考え方、
つまり、自分のほうに取り分を持ってきたいと思う
この自我《じが》の部分を抑《おさ》えて、
「ほかの人たちが得《とく》をする、利益《りえき》を得《え》られるには、どうしたらよいか」
という考え方をするということです。

これは、二宮尊徳《にのみやそんとく》が、「湯船のなかのお湯を自分のほうにかき寄《よ》せると、

向こうのほうに逃《に》げていくけれども、これを向こうのほうへ押《お》すと、自分のほうに返ってくる」と述《の》べていることにも通じますが、商売のコツだと言えるでしょう。

「自分が得よう」と思って行動していると、人もお金も逃げていきます。

そうではなく、自分のことを抑えて、他人様《ひとさま》のことを考えてみるわけです。ほかの人のことを考えるようになると、逆《ぎゃく》に自分のほうへ戻《もど》ってくることがあるわけです。

これが基本《きほん》的な経営《けいえい》のスタートなのです。

この発想が切り替《か》えられない人は、
個人《こじん》での職人技《しょくにんわざ》で生きていくことはできても、
人を使って事業を組み立てることは難《むずか》しいと思います。
これには自己変革《じこへんかく》が必要《ひつよう》であり、
自分を抑えて他の人に分福《ぶんぷく》をしていくことになるので、
そういう考え方を持つのは非常《ひじょう》に難しいことなのです。

もう一段《いちだん》大きくなりたければ、お客様の「クレーム」や「批判《ひはん》」、
「悪口」を一つひとつ丁寧《ていねい》に聞かなければいけないわけです。
偉《えら》くなりたかったり他人からほめられたくてしかたがないので
社長等をしている人もいるかもしれませんが、

その方向だけを目指していっても、誰《だれ》もが持ち上げてくれて
楽になるというようなことはあまりありません。
他人から叱《しか》られたり文句《もんく》を言われたりしたときに、
それを一つひとつ真摯《しんし》に受け止めて解決《かいけつ》し、
「よりよいサービス」や「商品」等を提供《ていきょう》して、
ほかの人のためになるように努力《どりょく》をしているうちに大きくなっていき、
自分では求《もと》めていないのに
尊敬《そんけい》を受けるようになるようなことが起きるのです。

これは、一つの「小さな悟《さと》り」だと思います。
これができない人は、経営者には永遠《えいえん》になれないでしょう。

第4章

人生に自信《じしん》を持て

――「心の王国」を築《きず》き、「世界の未来《みらい》デザイン」を伝《つた》えよ

BE CONFIDENT IN YOUR LIFE

1　自分を変《か》え、仕事を成功《せいこう》させる情熱《じょうねつ》の燃《も》やし方

世界各国《かっこく》に衛星中継《えいせいちゅうけい》される御生誕祭《ごせいたんさい》

二〇一九年は、珍《めずら》しく九州の福岡《ふくおか》の地で「御生誕祭《ごせいたんさい》」が行われました。九州での御生誕祭の開催《かいさい》は、もしかしたら最初《さいしょ》で最後になるかもしれないので、当日、会場に来られた方は、人生の記念《きねん》に、ぜひ覚《おぼ》えておいてくだされればありがたいと思います。

東京周辺《しゅうへん》の会場でないと全国からは集まりにくいので、御生誕祭は、本来、東京周辺で行われているのですが、二〇一九年の場合、次にある、全国を〝騒《さわ》がす催《もよお》し物〟（第二十五回参《さん》議《ぎ》院《いん》議員選挙《せんきょ》）の日程《にってい》が決まらなかったので、こちらの

日程もなかなか決まりませんでした。

そのため、運営側《うんえいがわ》は前年に会場の予約《よやく》をしていなかったようです。そして、小さな会場でやるつもりでいたらしいのですが、私は、「どこでもいいから、大きい会場を取りなさい」と言って探《さが》させました。

要《よう》するに、開催日が決まらないので会場を予約できず、ペンディング（保留《ほりゅう》）になっていたのですが、直前になって「空《あ》いている会場はないのか」と言ったら、二つありました。福岡と、もう一つは徳島《とくしま》です。

しかし、徳島では、近年、大きい会場で講演会《こうえんかい》をやったことがあるので、「福岡でやろう」ということになりました。

御生誕祭は世界各国《かっこく》に衛星中継《えいせいちゅうけい》をするので、海外で見ておられる方は、「なぜ福岡で？」と思ったかもしれませんが、福岡は、いちおう、日本においては、「アジアに対する情報《じょうほう》の発信基地《はっしんきち》」ですし、「護《まも》りの地」でもありますので、何ら

●徳島では、近年……　2016年4月23日、徳島《とくしま》県・アスティとくしまにおいて、「人類幸福化の原点」と題し、講演を行った。『伝道の法』（幸福の科学出版刊）第3章参照。

かの意味があるのではないかと思っています。

九州の地には御生誕祭の前日まで大雨が降《ふ》っていたのですが、私が福岡に入ったら大雨が止まり、ほっとしました。

「人生への自信《じしん》の強さ」で道は拓《ひら》ける

本章では、世界の方々にも分かるような内容《ないよう》にするため、細《こま》かいテクニカルなことはあまり述《の》べないつもりではいるのですが、「人生に自信《じしん》を持て」という題を付《つ》けているので、これに関係《かんけい》することも述べなければいけないと思っています。

「人生に自信を持て」という考え方を発信する方は数多くいるでしょうし、自信の強さによって道が拓《ひら》けることも確《たし》かにあります。

二〇一九年七月五日の御生誕祭は、私にとって二千九百五十回目の説法《せっぽう》でしたが、三千回達成《たっせい》も間近です。

●三千回達成も……　2019年9月29日収録「ホメイニ師の霊言②」で説法3000回を突破した。

これは、自信がないと、やっていられないのです。「百戦百勝《ひゃくせんひゃくしょう》」ならぬ、「三千回やって三千回勝つ」というつもりでないと、この仕事はやっていられません。説法の前に何が起きるか分からず、いつも、いろいろなものが入ってきます。突然《とつぜん》、何かが起きることもたくさんあります。

海外では、怖《こわ》いことに、警備《けいび》の人がピストルを持っているところもありました。また、前日に眠《ねむ》れなかったこともありますし、「インドは暑い」と思っていたら、ホテルの部屋のクーラーが効《き》きすぎていてブルブル震《ふる》えたこともあります。

本当にいろいろなことがあるのです。何千回も説法をやっていると、ありとあらゆる環境《かんきょう》と状況《じょうきょう》のなかに置《お》かれます。

●愛媛《えひめ》県で講演会を行《おこな》ったときには、台風に突《つ》っ込《こ》んでいくようなかたちになったのですが、講演をしている午前中には現地《げんち》に台風が来なくて、終わったあとにやってきました。

●**愛媛県で講演会を行ったとき**……　2017年9月17日、愛媛県・リーガロイヤルホテル新居浜《にいはま》にて、「自らを人財に育てるには」と題し、講演を行った。『自分の国は自分で守れ』(幸福の科学出版刊)第2章参照。

●青森県で講演をしたときには、その少し前に津軽海峡《つがるかいきょう》の上空を北朝鮮《きたちょうせん》のミサイルが飛《と》び、青森の人々が怖がっていたので、「じゃあ、行く」と言って、私が青森県へ講演をしに行ったのです。そのときの思いは、「ミサイルぐらい念力《ねんりき》で撃《う》ち落としてやる！」という感じでした。念力はタダなので、念力でよければ安いものです。

もちろん、いつもそういうわけにはいかないとは思いますが、怖がっていたら、とても講演会はやれないのです。

そのように、あらゆる環境や、あらゆる事件《じけん》が想定されるなかにあって、「どのような環境下でも最善《さいぜん》を尽《つ》くす」ということを、立宗以来《りっしゅういらい》、三十三年間、貫《つらぬ》き通してきました。

●青森県で講演をしたときには……　2017年9月3日、青森県・ホテルニューキャッスルにて、「あきらめない心」と題し、講演を行った。『自分の国は自分で守れ』（前掲）第1章参照。

三十三歳《さい》で、両国国技館《りょうごくこくぎかん》で八千五百人に向けて講演《こうえん》をした

先日、立宗した三十歳《さい》のころから三十三歳ぐらいまでの三年間に説《と》いた、私の幾《いく》つかの講演《こうえん》を聴《き》き直してみて、自分で言うのも変《へん》ですが、昔もけっこう立派《りっぱ》でした。三十歳でもけっこう頑張《がんば》っていたものだと思いました。

六十歳でも頑張りましたし、六十三歳でも頑張りますが、三十歳でもけっこう頑張っていました。今のほうが、標準語《ひょうじゅんご》に近い言葉を話せるようになっていて、当時の説法に関しては、「若干《じゃっかん》、関西訛《なま》りが強いな」とは思いましたけれども、三十歳でも三十三歳でも、けっこう頑張っていたのです。

●三十三歳のときには、両国国技館《りょうごくこくぎかん》に約八千五百人を集めて話をしました。「心《しん》臓《ぞう》に毛が生《は》えている」と言われたこともあるのですが、確かに自信はあったのだと思います。

●三十三歳のときには……　1989年12月17日説法「悟りの極致とは何か」。『悟りの極致とは何か』（幸福の科学出版刊）参照。

その私が、映画《えいが》「世界から希望《きぼう》が消えたなら。」（製作総指揮《せいさくそうしき》・原案《げんあん》 大川隆法／二〇一九年十月十八日公開）に描《えが》かれているように、二〇〇四年にいったん死にかけました。その意味では、二〇一九年は「立宗三十三周年」ですが、「復活《ふっかつ》十五周年」でもあるのです。

どんな仕事でも平均《へいきん》を超《こ》えて成功《せいこう》させる使命感・情熱《じょうねつ》・信念《しんねん》

「働《はたら》ける」というのは本当にうれしいことです。やはり、「やることがある」ということが大事なのです。「まだ、やるべきことがある。この世でやるべきことがある。伝《つた》えるべきことがある。まだまだ未完成《みかんせい》のものがある」と思っていると、それが使命感や情熱《じょうねつ》になって燃《も》え上がるのです。

今回の講演で九州に行く前に聞いた話では、「九州では難《むずか》しいことを言うよりも、とにかく情熱の地だから、情熱さえ燃やしてくれれば、それでいいんだ。九州の人同士《どうし》が会えば、愛や知や反省《はんせい》、発展《はってん》よりも、情熱、情熱、情熱だ」ということでした。

それは、ある意味ではそのとおりでしょう。情熱さえあれば何でもできるのです。どういう仕事でも、平均《へいきん》をはるかに超《こ》えたところへ行くことができます。信《しん》念《ねん》を強く持って続《つづ》けていけば、どのようなことであっても必《かなら》ず成功《せいこう》するのです。

例《たと》えば、福岡の会場へ移動《いどう》中、豚骨《とんこつ》ラーメン等の屋台を幾つか見かけましたが、初《はじ》めは屋台で始めたとしても、もし、その仕事を大きくしていこうと情熱を燃やして取り組んでいれば、やがて店舗《てんぽ》を出し、事業化するなどして、必ず成功することはできると思います。これは、どのような職業《しょくぎょう》であっても可能《かのう》でしょう。

与《あた》えられていることへの「感謝《かんしゃ》」と「お返し」が道を拓《ひら》く

「今の自分には、才能や過去《かこ》の経歴《けいれき》、実績《じっせき》などが十分にない」と思う人はたくさんいるかもしれません。しかし、そういうマイナスのことばかりを考えていてはいけないのです。

感謝《かんしゃ》の思いでもって、よくよく見つめ直してみると、「自分に与《あた》えられていること」は数多くあると気づくでしょう。それは、ありがたいことです。本当にありがたいことなのです。

現代の人たちの欠点《けってん》をただ一つ挙《あ》げるとするならば、やはり、「感謝の心が足りなすぎる」ということが言えるのではないでしょうか。もらうことばかりを考え、「他人《ひと》に与える」「感謝し、他人にお返ししていかなければいけない」といった気持ちが足りないのです。

この「感謝し、他人にお返しをしていきたい」という気持ちを持っていれば、どのようなことをしたとしても道は拓《ひら》けるし、周《まわ》りの人も助けてくれるようになります。それが大事なことなのです。

「親からの遺伝《いでん》」「過去《かこ》の経歴《けいれき》」で自分を規定《きてい》してはいけない

私は、一九八六年に幸福の科学発足《ほっそく》記念座談会《ざだんかい》を開き、翌《よく》八七年からは本格的《ほんかく》に講演会を始めました。三十三年も前のことになります。

当時、私の講演会を聴いた父は、「声が悪い。顔が悪い。スタイルが悪い。頭は父と母の頭を足して二で割《わ》ったものだから、頭も悪い。いいことは何もない。だから、人が来るわけがない！」といった言い方をしたこともありました。

確かに、授《さず》かったものは、親からもらったものだけかもしれません。しかし、その親からもらったものを、どのようにして自分なりに磨《みが》き、使えるようにし、力にしていくかということは、やはり、個人《こじん》個人の問題なのです。

ですから、親からの遺伝《いでん》でもらったような生まれつきのもの、あるいは過去《かこ》の経歴《けいれき》といったものだけで自分を規定《きてい》してはいけないと思います。やり続けているかぎり、それまで思っていたよりも、はるかに先まで進んでいくことになるでしょう。

この仕事をしていると、特《とく》にそう思います。先へ行けば行くほど、振《ふ》り返れば、「ああ、あのころ考えていたことは小さかったな」「ずいぶん自信がなかったんだな」「自分の才能を信頼《しんらい》していなかったんだな」「周りの人々が応援《おうえん》してくれるということに、あまり自信を持てなかったんだな」などと思うことも数多くあります。

2　周囲《しゅうい》と世界を変《か》えていく言葉とエネルギー

周《まわ》りをねじ曲げ、応援《おうえん》を呼《よ》び込《こ》む不思議《ふしぎ》な力

しかし、人は、決然《けつぜん》と一人立ち、「自分一人でもやり抜《ぬ》いていく」という気持

ちを持っていれば、ほかの人が巻《ま》き込《こ》まれて、ついてくるものなのです。自信《じしん》がなければ、逆《ぎゃく》に、いろいろと批判《ひはん》をされたり、悪く言われたり、「バカなことをするんじゃない」などと言われたりすることもあります。

やはり、自信を持ち、信念《しんねん》を持ってやり抜いていると、周《まわ》りがねじ曲がっていき、今度は応援《おうえん》するようになっていくわけです。これは不思議《ふしぎ》なことです。

私も、会社時代に宗教《しゅうきょう》を始めようと思ったときには、「誰《だれ》もついてこないだろうから、自分一人で行かなければいけない」という気持ちが非常《ひじょう》に強くありましたし、友達《ともだち》などに頼《たよ》ろうとも思いませんでした。

そのように、幸福の科学は、一人でやるつもりで始めたのですが、そうすると、直接《ちょくせつ》には顔も知らないような全国各地《かくち》の人々がいろいろと応援し、手伝《てつだ》ってくださって、だんだん大きくなっていったわけです。

その間、「真理を求《もと》めている人がこれほど大勢《おおぜい》いたのか」ということについては、本当に不思議な気持ちでいっぱいです。

発展《はってん》への具体的なビジョンの持ち方、示《しめ》し方

今、幸福の科学は、未完成《みかんせい》の仕事も幾《いく》つか同時並行《へいこう》で取り組んでいます。ゼロから立ち上げた最初《さいしょ》のときのことを考えれば、今、幾つかの仕事では、ある程度《ていど》の成功《せいこう》と言えるところまで来ていますが、それらを続《つづ》けながら、関連《かんれん》するほかのものもまた立ち上げていこうとしているのです。

これは、未来に向けてもっと大きくしようとしているだけであり、何ら心配するようなことはないと、私は思っています。

幸福の科学は、最終的には「国教」にまでしなければならないものでしょう。そこまで行かなければならないものであるならば、私たちは何でもできるのではないでしょうか。何をするにしても、そこに近づくためにできることはあるはず

です。そこまで行かなければならないのです。

さらに、私の法話《ほうわ》を外国で聴《き》いている人もいます。そうであるならば、幸福の科学を「世界宗教」にしなければいけません。

世界宗教とならんとするものが何かの事業をなそうと志《こころざ》して、できないということはありえないのです。そのようなことは絶対《ぜったい》にありえません。

私たちは必《かなら》ずや、毎年毎年、強くなり、大きくなって、その思いを押《お》し通していかなければならないでしょう。その意味で、小さな心でいてはいけないのです。

人々にはいろいろな可能《かのう》性がある

本章の講演《こうえん》のときは、ちょうど参院選《さんいんせん》の時期と重なって、「幸福の科学グループ創始者《そうししゃ》兼《けん》総裁《そうさい》」という立場で話をしなければいけなかったため、非常に言いにくくはありましたが、政治家《せいじか》については、経験《けいけん》したことのない人のほうが多いので、「とても偉《えら》い人たちで、難《むずか》しい仕事なのだろうな」と、すごく壁《かべ》があるように見えている人も多いかもしれません。

ただ、九州に行く途中《とちゅう》で、国会議員をやっている方が私の隣《となり》の席《せき》に座《すわ》っていましたが、運動靴《ぐつ》を履《は》いてヒョイヒョイと軽く歩いていたので、それほど難しい仕事でもなさそうです。その人は、元歌手で、十代の前半にヒットした方でしたが、「歌手でヒットしただけでも国会議員になれるのか」と思ってしまいました。

決してバカにしているわけではありません。当会からも自前の歌手がどんどん出てきていますし、四十歳《さい》になって歌手になり、初《はじ》めて歌うという人もいます。四十歳でデビューとは、格好《かっこう》よすぎるでしょう。

映画《えいが》「世界から希望《きぼう》が消えたなら。」で私に当たる人物の役をする人が歌手もしているので、「私も、もう少し格好よくならなければいけないな」「次は私も、●彼のように白い服を着て来なければいけない」などと思っているところです。

●彼のように……　本講演の事前プログラムとして、映画「世界から希望が消えたなら。」(製作総指揮・原案 大川隆法／2019年10月18日公開)で主演を務《つと》めた竹内久顕《たけうちひさあき》が白い衣装を着てステージに現れ、同映画主題歌「新《しん》復活《ふっかつ》」(作詞・作曲 大川隆法)を披露《ひろう》した。

自分の未来《みらい》を変化《へんか》させる「宇宙《うちゅう》の光」「宇宙にある力」とは

このように、人生は何が起きるか分かりません。四十歳で初めて俳優《はいゆう》や歌手になるような人もいますし、今までほかの仕事をしていた人が政治家になることもありますし、宗教家をしていた人が政治家になることだってあります。いろいろなことがありますが、さまざまな人生経験をした人がリーダーになっていくことが、とても大事なのではないかと思います。

ですから、自分をあまり小さく規定《きてい》するのはやめていただきたいと思うのです。誰もがすごい可能性《かのう》を持っています。その可能性とは、「心が開いていくと同時に、もっともっと宇宙《うちゅう》の光が入ってくるようになる」ということなのです。

神の子、仏《ほとけ》の子として、使命を果《は》たそうと努力《どりょく》をすれば、「私って、こんなに賢《かしこ》かったかな」「こんなに情熱《じょうねつ》があったのか」「こんなに素晴《すば》らしい言葉が口から出るようになったのか」「こんなに多くの人から信頼《しんらい》されるようになったのか」「私は他人《ひと》に対して、こんなに影響力《えいきょうりょく》を持っていたのか」というように、自分で自分自身を見間違《みまちが》うほどの別人《べつじん》に変《か》わっていくのです。

未来《みらい》は、毎日毎日、刻《こく》一刻、変化《へんか》していきます。それをよい方向に変化させていくことが、とても大事なのです。

「百」を思って「一」しか行かないこともあります。しかし、「百」を思い続けたら、その「一」は「二」になり、「三」になり、「五」になり、「十」になり、「二十」になり、だんだん増《ふ》えていきます。必ずそうなります。

ですから、自分自身を小さく考えないでください。みなさん自身は有限《ゆうげん》の存《そん》在《ざい》ですが、宇宙にある力は、とても偉大《いだい》なものなのです。

初期のころの講演会の内容《ないよう》を聴いたところ、私は、「エル・カンターレ●」というのは、目で見えるように言うとしたら、直径《ちょっけい》十キロメートルぐらいの光

●**エル・カンターレ**　地球系霊団の最高大霊。地球神として地球の創世より人類を導いてきた存在であるとともに、宇宙の創世にもかかわるとされる。エル・カンターレの本体意識は、３億３千万年前に「アルファ」、１億５千万年前に「エローヒム」として地上に降臨し、さらに現代日本に大川隆法として下生《げしょう》している。『太陽の法』『信仰の法』（共に幸福の科学出版刊）等参照。

の塊《かたまり》なのです」ということを自分で言っていました。十キロメートルであれば、小さな肉体に入るのは大変です。実際《じっさい》には〝マッチ棒《ぼう》の先〟ぐらいしか入っていないかと思いますけれども、以前《いぜん》は、そのように言っていたのです。

しかし、本当は十キロでも足りないでしょう。この地球を覆《おお》い、宇宙のさまざまなところへ指導《しどう》に出かけているとなれば、もっともっと大きな力を持っていなければいけないはずなので、それはきっと謙虚《けんきょ》な言い方だったのだと、今では思っています。

言葉によって日本と香港《ホンコン》・台湾《たいわん》、世界を幸福の未来《みらい》へ動かす

今、だんだん、いろいろな教えが積《つ》もり積もって、「日本の国のあるべき姿《すがた》」や「世界のあるべき姿」について、意見を発信してきています。

最初のころは、言葉としてだけ言っていたように聴こえたかもしれませんが、

今、私が言っていることは、「現在《げんざい》ただいま、日本の国が向いていく未来《みらい》」についての話でありますし、「現在ただいまから、世界が向かっていく方向」についての意見です。

現実に、動いているのです。

香港《ホンコン》を見てください。百万人デモ、二百万人デモが行われました。応援しているのは、日本では幸福の科学および幸福実現党《とう》だけです。しっかりと応援しているのです。届《とど》いているのです。彼らは日本に、「力を貸《か》してください」と言っています。

その前は台湾《たいわん》にも行きました。台湾も今、元気になって、強気になっています。

私たちは、「国と国で喧嘩《けんか》しよう、争《あらそ》おう」などと思っているわけではありません。「それぞれの人たちがいる国が、もっと光り輝《かがや》いて、幸福になるにはどうすべきか」を考え、「こちらのほうがよい」と判断《はんだん》したときに、よいと思われる

●百万人デモ……　2019年6月、香港では、刑事事件の容疑者を中国本土に引き渡すことができるようになる「逃亡犯条例《とうぼうはん》」改正案に反対する大規模なデモが行われた。6月9日のデモには約100万人、6月16日のデモには約200万人が参加したとされる。

ほうを応援しているということです。

私たちは、特定《とくてい》のイデオロギーというか、考え方に凝《こ》り固《かた》まって、「それに合わせて全部やれ」などと言っているわけではありません。それぞれの人の幸福、その国の幸福、未来を考えて、「こうすべきだ」ということを言っているわけです。

3　トランプ米共和党《きょうわとう》は幸福実現党《じつげんとう》とそっくり

トランプ氏《し》が勝つ前に、彼の力を見抜《みぬ》いて励《はげ》ましていた

例《たと》えば、三年ほど前に、アメリカで大統領選《だいとうりょうせん》が行われたときも、トランプ氏《し》が勝つ見込《みこ》みは全然《ぜんぜん》ないと言われていたなかで、私は、「トランプ氏が大統領にな

●**台湾にも……**　台湾元総統・李登輝《りとうき》氏からの手紙をきっかけに、2019年3月3日、グランド ハイアット 台北《タイペイ》にて、「愛は憎しみを超えて」と題して講演と質疑応答を行った。『愛は憎しみを超えて』（幸福の科学出版刊）参照。

るだろう」と言って、トランプ氏の側近《そっきん》を励《はげ》ましていたほうでした。

当時、トランプ氏の守護霊霊言《しゅごれいれいげん》を英語《えいご》で読みながら、「うーん。ここにはこう書いてあるけれども、どう考えても負けそうな気がするな」ということで、側近の方も自信《じしん》をなくしていましたが、蓋《ふた》を開けてみればトランプ氏が勝ったということがありました。

もちろん、マスコミはトランプ氏に厳《きび》しい批判《ひはん》を加《くわ》えていましたし、今でも加えているとは思いますが、次第《しだい》しだいに、彼の実力と実績《じっせき》が出てきたようには思うので、「私の目は、そんなに狂《くる》ってはいなかったな」と思っています。

トランプ氏《し》の経済政策《けいざいせいさく》が、幸福実現党《こうふくじつげんとう》の政策と同じ理由

そのトランプ氏《し》の経済政策《けいざいせいさく》について彼の側近の方々が書いた『Trumponomics《トランポノミクス》』(スティーブン・ムーア、アーサー・ラッファー共著《きょうちょ》)という英語の本があります。

●トランプ氏の守護霊霊言……『守護霊インタビュー ドナルド・トランプ アメリカ復活への戦略』(幸福の科学出版刊)。

この側近の方々と当会とは、コネクションがあるので、●その本の翻訳《ほんやく》ができないかどうか、今、話をしているところです。

今後発刊する『黒帯英語《くろおび》』シリーズ（宗教法人幸福の科学刊《しゅうきょうほうじん》）の「十段《じゅうだん》」にも、その抄訳《しょうやく》・抜粋《ばっすい》を入れる予定なので、翻訳権《けん》を実力で取得《しゅとく》するつもりです。

幸福実現党《じつげんとう》のほうは、すでに、同書の日本語の抄訳を読んで頭に入れているようです。

『Trumponomics』はまだ翻訳されていないので、日本の人はほとんど読んでいないでしょうが、その本のなかで言っていることは、幸福実現党が十年前に立党してから言っていることとほとんど同じです。

トランプ氏は、二〇一六年の大統領選で大統領になりましたが、私たちが二〇〇九年から言っていることを、ほとんどまねしているかのようにやっています。

もちろん、実際《じっさい》にまねをしたわけではないでしょうが、インスピレーション元

●その本の翻訳が……　本講演後、翻訳権を取得し、邦訳版『トランポノミクス』（幸福の科学出版刊）を、2019年12月に発刊した。

がほとんど同じであるため、言っていることも同じようなことになるわけです。

幸福実現党が言っている政策は、日本では非常《ひじょう》に珍《めずら》しく、国民《こくみん》の多くは信じられないと思っているのでしょうが、トランプ氏にインスピレーションを与《あた》えている〝震源元《しんげんげん》〟に訊《き》いてみると、日本とアメリカの両方に、ほとんど同じインスピレーションが降《お》りているのです。

幸福実現党《じつげんとう》は米共和《きょうわ》党、与党《よとう》・自民《じみん》党は米民主党に当たる

日本では、アメリカで言う「共和党《きょうわとう》」と「民主党《みんしゅ》」のような二大政党がなく、アメリカの共和党に当たる政党は今までなかったのです。

日本には、自民党という政党があり、長く政権《せいけん》を握《にぎ》っています。この自民党を「タカ派《は》」だと思っている方もいるでしょうが、安倍《あべ》首相など「タカ」のうちに入りません。ほとんど「ハト」です。

自民党は今、どんどん〝左旋回《させんかい》〟というか、左のほうに寄《よ》っていっています。左のほうの共産《きょうさん》党や社民党などが言っているような政策をどんどん取り込みに入っていて、自民党はどんどん左へ左へと行っています。

自民党は、アメリカで言えば民主党に当たり、共和党に当たるのは、実は幸福実現《じつげん》党なのです。

日本では、その他の野党が何組もテレビに出て討論《とうろん》などをしていますが、日本の野党連合《れんごう》のような政党は、アメリカにはありません。アメリカにおけるその他の泡沫《ほうまつ》政党が、日本の野党連合に当たります。

「憲法《けんぽう》を守る」などという政党は、アメリカにありはしないのです。そんなバカなことは言いません。みな、どんどん新しく変《か》えていこうとする政党ばかりです。ところが、日本では〝天然記念物《てんねんきねんぶつ》〟が何匹《なんびき》もいて、そのようなところが野党を引っ張《ぱ》っているという状態《じょうたい》です。

「小さな政府《せいふ》」で強い国をつくり、世界秩序《ちつじょ》を取り戻《もど》す幸福実現党《じつげんとう》

日本には、共和党《とう》に当たる政党《せいとう》が国会にはないのです。共和党というのは、いわゆる保守《ほしゅ》であり、「強いアメリカ」を目指し、かつ、「小さな政府《せいふ》」を目指している政党です。「経済成長《せいちょう》をして、もう一度、強いアメリカを取り戻《もど》し、世界に秩序《ちつじょ》を与えよう」という考え方を持っているのが、アメリカの共和党なのです。

その共和党と同じようなことを言っているのは、日本では幸福実現党だけです。これは、非常にメジャーな考え方なのですが、そのメジャーな考え方が、日本では〝○・何パーセント〟ぐらいにしかなりません。これは、日本人の常識《じょうしき》やマスコミの常識、あるいは、学校教育等の常識が全然違《ちが》っているからなのです。こうした考え方も変えていかなければいけません。

アメリカであれば、幸福実現党《じつげん》の考え方で大統領が出るのです。この考え方で

よく、ほとんど間違っていないわけです。『Trumponomics』を読めば分かりますが、『黒帯英語』で来年出す予定なので、そちらの抄訳をお読みくださってもよいでしょう。幸福実現党とほとんど同じことを言っています。

トランプ氏《し》の法人減税策《ほうじんげんぜいさく》のあと、実際《じっさい》に成長率《せいちょうりつ》が上がった

それから、幸福実現党は、「消費税《しょうひぜい》を八パーセントから十パーセントに上げるのではなく、五パーセントに下げる」と言っています（説法《せっぽう》時点）。消費税の増《ぞう》税《ぜい》反対については、ほかの政党でも言っているところが多いので、「単《たん》に、目先の、二〇一九年の秋に十パーセントに上がることについて言っている」と思われるかもしれません。

ほかの野党は、今回の増税だけを言っていますし、共産党などは、「大きく儲《もう》けたところから、がっぽり取ってばら撒《ま》く」というようなことを言っています。

しかし、トランポノミクス、つまりトランプ氏《し》の考え方を見ると、そんな目先のことではなく、企業《きぎょう》などの法人税《ほうじんぜい》について、「最大税率《さいだいぜいりつ》で三十五パーセントぐらい取っていたのを、大企業、中小企業を問わず、十五パーセントぐらいまで下げる」ということをはっきり言っています。「これによって国際競争力《きょうそうりょく》をつけ、アメリカの景気《けいき》をよくして、発展《はってん》させる」ということを言っています。つまり、税率を下げることで、企業がやる気を出して投資《とうし》が活発になり、国民も、将来《しょうらい》が明るくなって消費が活発になり、景気がよくなるということです。

実際に、そのとおりになっています。オバマ大統領のころは、だいたい一・六パーセントぐらいの経済成長《せいちょう》しかありませんでしたが、トランプ大統領になってからは三・一パーセントを超《こ》える成長率になり、彼はさらに五パーセント成長まで増《ふ》やしていくつもりでいるのです。

4　世界基準《きじゅん》の幸福実現党《じつげんとう》が掲《かか》げる日本の未来《みらい》デザイン

「減税《げんぜい》」で経済成長率《けいざいせいちょうりつ》を四・一パーセントに上げ、年金問題の解決《かいけつ》へ

したがって、「幸福実現党《じつげんとう》が言っている、消費税《しょうひぜい》を八パーセントから五パーセントに下げるなどというのは、財政《ざいせい》赤字が増《ふ》えるだけではないか」と考える人が多いかもしれませんが、私たちが言っているのは、そういうことではないのです。

企業減税《きぎょうげんぜい》や、あるいは相続《そうぞく》税の見直しなども含《ふく》めて、景気《けいき》全体がよくなって発《はっ》展《てん》していくことで、税収《ぜいしゅう》も増えますし、さらには、経済《けいざい》の規模《きぼ》そのものが大きくなることで、税収が増えるだけでなく、年金問題とか、いろいろな問題も全部、解決《かいけつ》されるのです。

幸福実現党の釈量子《しゃくりょうこ》党首は、「経済成長率《せいちょうりつ》が四・一パーセントになれば、年金問題は解決する」というように言っていました。どんな計算をしたのかは分かりませんが、非常《ひじょう》に頭のよい方なので、おそらくそうなのでしょう。検証《けんしょう》はしていませんが、私の勘《かん》としても、おそらくそうだろうと思います。

「減税《げんぜい》で三パーセントから五パーセント成長《せいちょう》へ持っていく」には

日本は長らく経済の超低成長《ちょうていせいちょう》が続《つづ》いてきているので、そろそろ頑張《がんば》らなければいけないところです。三十年間も停滞《ていたい》するというのは、なかなか人間業《わざ》でできることではありませんし、神様にもできません。神様も人間もできない業を三十年間続け、「三十年かかって、やっと一・五倍になった」とのことですが、これはあまりにもひどすぎるので、今は、経済政策《せいさく》として何をやっても成長する可能《かのう》性があるような状態《じょうたい》です。

私が考えるとしたら、やはり減税《げんぜい》です。要《よう》するに、「大きな政府《せいふ》に頼《たよ》って、何もかも護《まも》ってもらおうとすること」ではなく、「みなが企業活動を活発化し、個《こ》人《じん》も経済活動を活発化して、経済の規模をもっと大きくすること」を考えます。日本経済は三十年間足踏《あしぶ》みしているのですから、道を開《あ》ければ必《かなら》ず拡大《かくだい》に入ります。これをやらせていただきたいのです。

まずは三パーセント成長から始めて、五パーセント成長まで伸《の》ばしたい。これはトランポノミクスとほとんど同じです。五パーセント成長まで上げていきたいと考えています。

二〇五〇年までに、日本と中国のＧＤＰを引っ繰《く》り返すには

そして、マクロでは、「二〇五〇年までには、日本と中国のＧＤＰ（国内総生《そうせい》産《さん》）を引っ繰《く》り返したい」というのが、基本《きほん》的な考え方です。

日本にはその資格《しかく》があります。「この三十年間で、中国の経済は七十五倍になり、日本の経済は一・五倍」などというのはありえない話です。いったいどういう人が国家経営《けいえい》をすれば、そうなるのでしょうか。顔は分かりますけれども、本当に「顔が見てみたい」という気持ちになります。

ただ、中国の統計《とうけい》は怪《あや》しいです。嘘《うそ》がかなりあるようなので、もうすぐ〝化《ば》けの皮が剝《は》がれる〟でしょう。

中国は、「七パーセント以上《いじょう》の経済成長をずっと続けてきた」ということになっていましたが、二〇一五年度には七パーセントを切り、二〇一八年度については「六・六パーセントだった」という発表がありました。

ところが、ある専門家筋《せんもんかすじ》の人の計算によると、二〇一八年度の中国の経済成長率は、どうも「一・六七パーセントしかない」というのです。

もう一つ別《べつ》の試算《しさん》によれば、「中国はもうすでにマイナス成長に突入《とつにゅう》している」

とのことです。私の実感としては、「実態はこれにかなり近いのではないか。バブルはすでに崩壊《ほうかい》に入っているのではないか」と思います。

日本を「世界正義《せいぎ》にとっての善悪《ぜんあく》」を発信《はっしん》できる国へ

したがって、日本が今やるべきことは、「もう一度、成長軌道《きどう》を取り戻《もど》して、若々《わかわか》しい国になる」ということ、さらに、「言論《げんろん》としても、世界を引っ張っていけるだけの基礎《きそ》、考え方、オピニオンをしっかりと持ち、『世界正義《せいぎ》にとっての善悪《ぜんあく》』をはっきりと発信《はっしん》できる国になる」ということです。

これが大事です。

少なくとも、アジア周辺《しゅうへん》の国々に対しては、日本が大きな影響力《えいきょうりょく》を発揮《はっき》して、「正しい未来《みらい》はどういうものであるか」ということを示《しめ》さなければなりません。

さらに、アメリカとの関係《かんけい》、ロシアとの関係、ヨーロッパとの関係において、あるべき姿《すがた》を明確《めいかく》にデザインしていくことが大事です。

これが、〝日本の共和党《きょうわ》〟である幸福実現党が今、考えていることです。

ワン・イシュー政党《せいとう》をマスコミが取り上げなくていい理由

ところが、日本は、考え方が本当に小さく、「ワン・イシュー・ポリティクス」といって、何か一つぐらいの目玉だけで選挙《せんきょ》を戦《たたか》えるようなところがあります。

参院選公示日《さんいんせんこうじび》（二〇一九年七月四日）に、NHKを観《み》ていたところ、各政党《かくせいとう》の第一声を流していたのですが、NHKは〝自虐史観《じぎゃくしかん》〟に入ってしまったらしく、「NHKから国民《こくみん》を守る党」の街頭演説《がいとうえんぜつ》を二回も流していました。やや自虐が過《す》ぎるのではないかと思います。

なぜあれを流すのでしょうか。NHKとしてはフェアであるところを見せようとして流したのでしょうが、あのような考え方を「まともである」と見ている人はほとんどいないのですから、流す必要《ひつよう》などありません。

テレビ局のなかで、「どこそこで大雨が降《ふ》って洪水《こうずい》が起き、人が亡《な》くなった」といった、視聴《しちょう》率を大して取れないニュースを延々《えんえん》とかけ続けているのは、NHKだけです。視聴率に関係なく、儲《もう》からない公共性のある仕事をしているわけですから、もっと自信を持ってやったほうがよいでしょう。

あのようなワンポイントだけで攻《せ》めてくる政党を、それほど持ち上げる必要はまったくありません。そんなことをするくらいであれば、もっとよい〝日本の共和党〟がありますから、そういうところをもう少し繰り返しテレビに流したほうがよいのではないでしょうか。

変《か》わり始めたＮＨＫの報道内容《ほうどうないよう》

特《とく》にＮＨＫに関しては、「報道《ほうどう》が中国寄《よ》りである」という意見もずいぶんありましたが、最近《さいきん》は少し変《か》わってきています。

例《たと》えば、NHK海外放送で香港《ホンコン》での百万人デモの様子を流したところ、中国国内では、ブラックアウトといって画面を真っ黒にされ、国民に観せないようにされてしまいました。「NHKの海外放送が、北京《ペキン》政府の圧力《あつりょく》によって中国人に観れないようにされた。香港でも観れないようにされた」ということは、「NHKが反中国的な報道もしている」ということでしょう。

つまり、「NHKは昔と今とでは違《ちが》っている」ということなので、NHKは大きく変化《へんか》していると考えています。ですから、NHKはもう少し自信を持ったほうがよいでしょう。

朝日、東京・中日新聞が「だいぶ変化《へんか》してきている」、その内容《ないよう》

それから、幸福実現党から政治家《せいじか》を目指している人たちには、「まだ距離《きょり》があ

る」と思っている人が多いと思うので、少し言いにくいことは言いにくいのですが、朝日新聞、東京新聞、中日新聞（東京新聞と経営体が同じ）もかなり変化《へんか》してきていると私は考えています。

朝日新聞も、二〇一九年四月、ウイグルで取材《しゅざい》をしました。取材日から一カ月もたってから記事になっているので、「中国の検閲《けんえつ》をかなり受けているのではないか」と思いますが、ウイグルに入って報道することはできているので、「そういうことができる新聞社ではある」ということです。

一九九〇年代に幸福の科学のフェアな扱《あつか》いをした朝日新聞

また、振《ふ》り返ってみると、一九九一年に幸福の科学が講談社《こうだんしゃ》フライデー事件《じけん》を戦ったとき、応援《おうえん》してくださったのは、新聞社では唯一《ゆいいつ》、朝日新聞だけでした。

なぜかは知りませんが、その時期に、朝日新聞は講談社の不正《ふせい》を連続《れんぞく》して追及《ついきゅう》してくれたのです。「よく分からないけれども、何だか応援してくれているらしい」ということで、当時、キョトンとしたところもありました。

それから、同じく九一年、私が『アラーの大警告《だいけいこく》』（幸福の科学出版《しゅっぱん》刊。現在《げんざい》は絶版《ぜっぱん》）という本を出して、イスラム圏《けん》の味方をしているようなことを言ったら、朝日新聞は当会を応援するような内容《ないよう》の記事を書いてくれました。「変わっている新聞だな」と思いながら読んでいたのですが、当会も〝変わっている〟ので、お互《たが》い様かと思います。

さらに一九九五年にも、次のようなことがありました。

三月からオウム真理教《しんりきょう》とのバトルが始まり、幸福の科学は『オウム真理教撲滅《ぼくめつ》作戦《さくせん》！』（幸福の科学広報局編《へん》、幸福の科学出版刊）という大判《おおばん》の本を出して全国で発売し、堂々《どうどう》と広告を打ちまくったところ、ほかの新聞社がみな、「よく、そんな恐《おそ》ろしいことをするな」と言っていたなかで、朝日新聞だけが同じくオウム真理教を追及する記事を書いたのです。

ほかの新聞社は、一週間ぐらい、警察《けいさつ》とオウム真理教とどちらが勝つか、しばらく様子を見ていました。「警察が負けるなら記事を書けない。勝てそうなら書く」という感じで、少し様子を見ていたのです。

そのなかで、朝日新聞は堂々と批判《ひはん》記事を書いていたので、朝日の人に、「おたくは勇気《ゆうき》がありますね。すごいですね」と言ったところ、あちらも、「いやあ、幸福の科学さんも勇気がありますよ」と言ってくれたのです。ただ、地下鉄サリン事件が起きたのはそれからあとだったので、「こんな恐ろしいところと戦っていたのか」と、お互い震《ふる》え上がったりもしました。

日本の基準《きじゅん》をはみ出している幸福実現党《じつげんとう》は、極端《きょくたん》に見られがち

そういうこともあるので、私自身は、特別、偏向《へんこう》はしていません。いろいろな

報道があってよいと思っているし、言論の自由は認《みと》められてよいと思っています。日本の公共放送や、あるいは日本のリーダー的な新聞などは、偏向しているように見えても、やはり、ほかの独裁《どくさい》国家に比《くら》べたら、しっかりとした考え方を持って意見を述《の》べていますし、完全《かんぜん》に国に抑《おさ》えられているわけではないので、国を批判できるマスコミもあったほうがよいのではないかと思っているのです。

私たち幸福実現党《じつげんとう》は、どちらかというと保守《ほしゅ》のほうに分類《ぶんるい》されます。

新聞などの、各党の政策を比較《ひかく》した表を見ると、表の左端《はし》や右端などに「幸福」がよく出てくるので、どうやら、幸福実現党はすごく極端《きょくたん》なことを言っているようです。日本の基準《きじゅん》からすると、非常に極端なことを言っているらしいのですが、私からすれば、「何を言っているのか。これが世界の中道《ちゅうどう》なのだ」と言いたいところです。

個人として、「自分の人生に自信を持つ。自信を持って仕事をし、家族を護る」

といった、健全《けんぜん》なものの考え方ができる人は、国のレベルで考えたらどうなるかというと、「自分の国は自分で護る」という考え方になります。これは当たり前のことを言っているのです。

5　日本がアメリカに物申《ものもう》すべき点

トランプ氏《し》の「日米安保《あんぽ》は不公平《ふこうへい》」という感想は、当たっている

二〇一九年六月には、Ｇ２０《ジートゥエンティ》が大阪《おおさか》で行われましたが、トランプ大統領《だいとうりょう》は、日本に来る前も来てからも、「日米同盟《どうめい》も、次の改定《かいてい》のときには見直しがあるかもしれない」というようなことを言いました。アメリカの青年たちは、日本を護《まも》るために血を流して戦《たたか》わないといけないということだと思いますが、「第三次世界

大戦《たいせん》になるかもしれないというような戦いを、アメリカはやらなければいけないのに、日本はソニー製《せい》のテレビでそれを観《み》ていてよいのだ。こんな不公平《ふこうへい》なことがあるか」といったことを言っていたのです。

これについては、各紙《かくし》とも、「いや、そんなことはない。日本も、基地《きち》を提供《ていきょう》したり、『思いやり予算』をつけたりしているし、日本を基地にしてアメリカがいろいろなところに出撃《しゅつげき》できたりもするので、アメリカにもメリットはある。したがって、日本だけが有利《ゆうり》な契約《けいやく》ではない」というようなことを言っていますが、やはり、トランプ氏《し》の率直《そっちょく》な感想は、当たっていると思います。

日米同盟から見れば、沖縄《おきなわ》であれ、尖閣《せんかく》であれ、ほかの島であれ、日本が攻撃《こうげき》をされたら、アメリカは護る義務《ぎむ》があるので戦わなければいけないけれども、日本は、アメリカがどこかから攻撃を受けたとしても知らん顔ができます。これに対して、アメリカは納得《なっとく》がいかないというのは、ごく当たり前のことです。

トランプ氏《し》が次に言いたいこととは

これは、裏《うら》を返せば、アメリカが次に言ってくることがすでに分かるのです。要《よう》するに、「さっさと憲法《けんぽう》改正しろ」と言いたいわけです。「おまえたち、それでも知恵《ちえ》のある人間か。当たり前だろうが。アメリカの大統領がそう言っているのに、どうしてやらないのか。『マッカーサーに決められましたから』などと言っているけれども、マッカーサーなどすでに死んでいるぞ」ということです。

「今のアメリカの大統領がそう言っているのだから、さっさと憲法を変《か》えろ。自分の国ぐらい自分で護って、アメリカの負担《ふたん》を減《へ》らさせろ」ということを言っているわけですから、まさしく、幸福実現党《じつげんとう》を応援《おうえん》するようなことを言ってくれているわけです。

マッカーサーは神様ではないのです。たとえ神様であっても、私が地獄《じごく》に引きずり下ろすぐらいのことはできるので、それほど尊敬《そんけい》する必要《ひつよう》はまったくありません。

私たちから出ている政治《せいじ》的な発信《はっしん》も、今は非常《ひじょう》に極端《きょくたん》なことを言っているように感じるでしょうが、それは、（戦後）七十年以上《いじょう》もずっと、違《ちが》った考え方によって、教育から報道《ほうどう》から、いろいろなものが染《そ》め上げられてきているために、そう見えているだけです。ですから、本当に真っ白な心で世界を見たら、私たちが言っているように世界が見えてくるのです。

幸福実現党《じつげんとう》は、アメリカの中東政策《せいさく》の「二重基準《きじゅん》」に物申す

ただ、すべてアメリカにベッタリすると言っているわけではありません。

●私が最近《さいきん》出した本でも、イランについて述《の》べていますが、私は、アメリカに対して、「イランに即《そく》攻撃をかけるのはやめてほしい」ということも言っています。

●私が最近出した本……『日本の使命』『リーダー国家 日本の針路』（共に幸福の科学出版刊）参照。

やはり、彼らが言っている「二重の基準《きじゅん》」について、もう少し考える必要はあるでしょう。

「二重の基準」とは何かというと、イスラム圏《けん》の国が核武装《かくぶそう》することについては、国際《こくさい》社会から非常に厳《きび》しい目で見られ、「濃縮《のうしゅく》したウランがどれだけ溜《た》まった」など、細《こま》かいことを言われていますが、イスラエルがあっという間に核武装をしてしまっても、何の議論《ぎろん》も起きませんでした。これには、やはり、二重の基準があると言わざるをえません。私も中立の立場から見て、ややおかしいと考えています。

イスラエルの「建国《けんこく》」と「その後の振《ふ》る舞《ま》い」をどう評価《ひょうか》すべきか

イスラエルという国があってもよいと思います。ユダヤ人は、第二次大戦中に、ナチスにあれほど攻《せ》められ、収容所《しゅうようじょ》で六百万人も殺《ころ》されたわけですから、そういう人たちが帰るべき国があるのはよいことです。

ユダヤ人たちは、十九世紀《せいき》の終わりごろからポツポツと祖国《そこく》の地に帰り始め、戦争《せんそう》（第二次世界大戦）が終わったころには、七十万人ぐらいは入植していたと思います。そして、それを欧米《おうべい》のほうが認《みと》めることで、一九四八年に「イスラエル」という国が建《た》ちました。これは結構《けっこう》ですし、よいと思います。

ただ、その後、四回の中東戦争があって、その間にイスラエルは軍事《ぐんじ》的にどんどん強大になってきました。これについては客観《きゃっかん》的に見るかぎり、やはり、「フェアではないな」というのが私の感想です。

というのも、ユダヤ人たちは、自分の国ではないのに、あとから入ってきて、パレスチナの土地を分けてもらい、国を建てさせてもらったわけです。あとから来た者は、もう少しおとなしく、行儀《ぎょうぎ》よくやってはどうかと思うのです。

マンションでも、あとから来た人は、先にいる人に挨拶《あいさつ》をして回らなくてはいけません。やはり、イスラエルの人たちは、それまでなかったところに国をつくらせてもらったわけですから、「ありがとうございます」と言って、周《まわ》りや隣《となり》近所と仲良《なかよ》くする努力《どりょく》をするべきではないでしょうか。

それなのに、イスラエルは、いつの間にか、核兵器《へいき》で武装して、核ミサイル、核爆弾《ばくだん》を何百発と持っています。これは、少し行きすぎではないでしょうか。そのように思います。

「イスラエルへのアメリカの肩入《かたい》れ」をどう評価《ひょうか》すべきか

そして、アメリカやイスラエルは、「イランのほうは濃縮ウランをだいぶ持っているようだから、（核開発につながらないよう）先制《せんせい》攻撃をかけなくてはいけない」というようなことを言っているわけです。しかし、これは、アメリカがイスラエルに少し肩入《かたい》れしすぎているような気がします。

さらに言うと、イスラエルが実効支配《じっこうしはい》している「ゴラン高原」というのは、第三次中東戦争で取ったところです。要するに、パレスチナ（シリア）から奪《うば》っているだけなのです。パレスチナ人にしてみれば、自分たちの土地を取られているのですが、イスラエルのネタニヤフ首相は、そのゴラン高原を「トランプ高原」と名付《なづ》けて、「トランプに感謝《かんしゃ》を示《しめ》す」と言っているわけです。

確《たし》かに、「賢《かしこ》い」と言えば、賢いのかもしれません。アメリカにしてみれば、「トランプ高原」と名付けられたら、そこを攻撃された場合、アメリカが攻撃されたような気になって、第五艦隊《かんたい》を出動させざるをえないのではないでしょうか。

そういう意味では、「ネタニヤフ首相は、うまいことを考えたな」とは思います。しかし、これについては、やはり、「トランプ氏《し》に辞退《じたい》してほしかった」と思うのです。「トランプ高原」とはせずに、「ネタニヤフ高原」にしておけば、周《しゅう》辺《へん》のアラブ諸国《しょこく》も攻撃可能《かのう》になりますから、「そうすべきだったかな」と思うわけです。トランプ氏が、少し〝乗せられて〟いる感じはします。

6　日本が発信《はっしん》すべき新しい思想、世界の未来《みらい》デザイン

アメリカの「二重基準《きじゅん》」のもとにある宗教《しゅうきょう》思想を読み解《と》く

そのようなわけで、やはり、「二重の基準《きじゅん》」はあるでしょう。

アメリカのほうには、ボルトン大統領補佐官《だいとうりょうほさかん》が強硬《きょうこう》な意見を述《の》べているように、イスラム圏《けん》を「悪魔《あくま》の国」と思っているところはあると思います。おそらく、イスラム教を本質的《ほんしつ》に、「悪魔の教え」と思っているところがあるのではないでしょうか。一方、イスラム圏のほうも、アメリカのことを「悪魔だ」と思っているわけです。

そうした相互不信《そうごふしん》があるため、アメリカの強硬派《は》は、「もう、これは、どうしようもないので、何らかの決着をつけるしかないのだ」というようなことを言っています。

しかし、ここは、政治《せいじ》だけでは、あるいは、軍事《ぐんじ》だけでは限界《げんかい》があるところであり、やはり、「宗教《しゅうきょう》が乗り出して仲裁《ちゅうさい》しなければいけない時期が来た」と思っています。思ったより早く、その場面が来ていると思うのです。

キリスト教、イスラム教の争《あらそ》いのもとにある「神」の本当の姿《すがた》とは

キリスト教をつくったとき、イエスには「天なる父」がいて、指導《しどう》をしていました。「イエスが病気治《なお》しを行うとき、何千人もの人に対して説法《せっぽう》をするとき、あるいは、さまざまな奇跡《きせき》を起こすときに、指導する『天なる父』がいた」ということは、『新約聖書《しんやくせいしょ》』にはっきりと書かれています。

この「天なる父」と、その六百年後に出たムハンマド（マホメット）が「アッラー」と呼《よ》んだ存在《そんざい》との関係《かんけい》はどうでしょうか。

ちなみに、「アッラー」というのは、現地《げんち》の言葉では、ただ「神様」というだけの意味なのですが、「この『アッラー』と『天なる父』とが同じかどうか」ということは、極《きわ》めて大事なことなのです。

今、これを言えるところはほかにないので私が申し上げます。

イエスが「天なる父」と呼んだ存在と、ムハンマドが「アッラー」と呼んだ存在は、同一人物です。

したがって、キリスト教とイスラム教は同根《どうこん》であり、信じているのは同じ神様なのです。

そのように、同じ神様を信じておりながら戦《たたか》い合うのは、やめていただきたいのです。

中東での争《あらそ》いを仲裁《ちゅうさい》する「日本の使命」とは

これについては、もう少し、宗教的な説明が要《い》るとは思いますが、「そうした戦いは不毛であるから、やめていただきたい。これを仲裁《ちゅうさい》できるのは、東洋の日本しかない」と私は思っています。

また、イスラエルも歴史《れきし》があって、さまざまな、勉強になる大事な教えを『旧《きゅう》約《やく》聖書』のなかにたくさん持っている伝統《でんとう》のある国なので、もちろん、国としてはあったほうがよいと思います。

しかし、今、私が見るかぎりでは、侵略《しんりゃく》国家の傾向《けいこう》を示《しめ》していますので、これは押《お》しとどめなければいけないでしょう。やはり、「もう少し行儀《ぎょうぎ》よくしなさい」と言わなくてはいけないと思います。

イスラエルという国は、そもそも、千九百年間もなかったわけです。したがって、「千九百年間も国がないのを放置《ほうち》していた神様が、全智全能《ぜんちぜんのう》の神のはずがないだろう」ということは、やはり述べておきたいと思います。

ユダヤ教の神の実態《じったい》

もちろん、もとはイスラエルに神様はいたかもしれません。しかし、よそに散《ち》ってしまっていて、もうイスラエルからはいなくなっているのです。残《のこ》っているのは、本当に民族神《みんぞくしん》の一部です。

したがって、そのようなイスラエルの神の考え方を、全世界的に広めるのはやめていただきたいと思います。自分の国を護《まも》る分にはよいとしても、そのくらいで止《と》めていただきたいのです。

にもかかわらず、「イスラエルから核攻撃《かくこうげき》をすれば、イスラム圏を全部支配《しはい》できる」と言うのなら、それは間違《まちが》っているので、私はそれに対しては反対します。

ですから、私は、すべて、トランプ氏《し》にベッタリで意見を言っているのではないのです。あくまでも、「考え方として正しいかどうか」ということに基《もと》づいて、意見を述べているわけです。

「世界の争《あらそ》いを乗り越《こ》える考え方」を広げる人生に自信《じしん》を持て

私の思想は、一人ひとりの個人《こじん》の心のなかに、神仏《しんぶつ》から頂《いただ》いた魂《たましい》の王国をつくり、家庭を輝《かがや》かせ、会社を輝かせ、国家を豊《ゆた》かにするものです。

さらに、この思想が海外にまで行く際《さい》には、「世界の正義《せいぎ》を目指して、世界の秩序《ちつじょ》をつくり、調和をつくるために貢献《こうけん》する」という仕事が、その先に待っているのです。

私たちは、人生に自信《じしん》を持たなくてはなりません。
あなたがたは、もっと人生に自信を持ってください。
今、幸福の科学だけが、
この地球の「究極《きゅうきょく》の神」の教えを伝《つた》えているのです。

日本全国に、全世界に、この教えを広げてください。
お願《ねが》いします。
それが、世界のための救《すく》いになるのです。
イスラム教でも、キリスト教でも救いかねているもの、
これを乗り越《こ》えて救うことができるのが、幸福の科学の教えです。
みなさんは、もっと強くなっていただきたい。

もっと力を持っていただきたい。
もっと成功《せいこう》していただきたい。
そして、もっと大きな声を上げていただきたい。
国内を超《こ》えて、世界に力を広げていただきたい。
心よりお願いします。

地球神エル・カンターレからのメッセージ

今、私は、あなたがたに言う。
キリスト教に言う「主なる神」。
ユダヤ教に言う「エローヒム」。
イスラム教に言う「アッラー」。
中国の孔子《こうし》が言う「天帝《てんてい》」。
さらには、日本神道《しんとう》ではその姿《すがた》も知られていないが、
中心神である天御中主神《あめのみなかぬしのかみ》の上にいる「天御祖神《あめのみおやがみ》」。
すべては同じ存在《そんざい》であり、一人なのです。

●エローヒム　地球系霊団の至高神であるエル・カンターレの本体意識の一つ。約１億５千万年前、地球に地獄界のもととなる低位霊界ができ始めていたころ、今の中東に近い地域に下生《げしょう》し、「光と闇の違い」「善悪の違い」を中心に、智慧《ちえ》を示す教えを説いた。『信仰の法』（前掲）等参照。

●天御祖神《あめのみおやがみ》

確《たし》かに、それぞれの宗教《しゅうきょう》は、
民族《みんぞく》性や文化性の違《ちが》いによって考え方が違っているかもしれません。
しかし、もとなるものは一つであって、さまざまに魂《たましい》を磨《みが》きながら、
この地上で修行《しゅぎょう》している仲間《なかま》であることに変《か》わりはないのです。
また、民族の壁《かべ》を超《こ》えるために、
「転生輪廻《てんしょうりんね》」という仕組みもつくりました。
今は日本人であっても、過去世《かこぜ》は日本人ではなく、
ヨーロッパ人であったり、中国人であったり、
韓国人《かんこくじん》であったりすることもあります。
もちろん、その逆《ぎゃく》の場合もあるでしょう。
そういう魂経験《けいけん》をしながら、

●**天御祖神**　『古事記《こじき》』や『日本書紀《にほんしょき》』よりも古いとされる古代文献《ぶんけん》『ホツマツタヱ』に出てくる「祖《おや》」に当たる神。幸福の科学では、「イエスが『父』と呼んでいた主《しゅ》と同一霊存在である」とされている。『天御祖神の降臨』（幸福の科学出版刊）参照。

あるいは、転生の過程《かてい》で男女両方の経験もしながら、
人間は、理解《りかい》する器《うつわ》を広げようとしているのです。
今、私は、最後《さいご》の、最終の、すべての法《ほう》を説《と》くために、
この日本という国に生まれました。
私に分かる範囲《はんい》で、すべてのことを明かします。

あなたがたに言う。
真の神の言葉を知って、人類《じんるい》はその違いを乗り越《こ》えて
融和《ゆうわ》し、協調《きょうちょう》し、進化し、発展《はってん》していくべきである。
これが、地球神エル・カンターレの言葉である。
二度と忘《わす》れることなかれ。あなたがたの心に刻《きざ》むのだ。

人類は一つである。
これから、地上的な争《あらそ》いを乗り越える神なる存在を信《しん》じ、
その下に、
自由と民主主義《しゅぎ》を掲《かか》げる世界を続《つづ》けていくことを選《えら》び取るのだ。

北朝鮮《きたちょうせん》に必要《ひつよう》なのは「信仰《しんこう》」です。中国に必要なのも「信仰」です。
インドに必要なのは、さまざまな神の上にいる神の存在です。
イスラム教国に必要なのは、アッラーとは誰《だれ》かを知ることです。
私は、その違いを超えて人類を愛《あい》し、受け入れています。
信じることを通して、愛とは何かを学んでください。
それが、私のメッセージです。

第5章

救《きゅう》世《せい》主《しゅ》の願《ねが》い

―「世のために生き抜《ぬ》く」人生に目覚《めざ》めるには

1 霊的《れいてき》な自覚《じかく》をつかんで生きる難《むずか》しさ

この世は「真実」の大部分が隠《かく》されている世界

本章は、難《むずか》しいテーマではありますが、いま一度、考え方を整理して述《の》べておくことも必要《ひつよう》であると思っています。

まず、「救世主《きゅうせいしゅ》とは、いったい何なのか」という原点に帰りたいと思います。それには、「この世というものの性質《せいしつ》」を、もう一回、考えてみなければいけません。

この世は、救世主、あるいは、その下にいる天使軍《ぐん》など、そうした高次元の人たちが肉体に宿って降《お》りてくるには、極《きわ》めて厳《きび》しいところです。

なぜかというと、この世では、「真実が、かなりの部分、隠《かく》されている」からです。そのため、大部分の人たちは、「本当のことを知らない」のです。

例《たと》えば、人間は「自分自身について知っている」と思っていますが、「自分自身の肉体には魂《たましい》が宿っていて、その魂が肉体を支配《しはい》すべき存在《そんざい》である」ということを本当に自覚《じかく》している人がどれだけいるかと考えると、極めて心もとない数字になるでしょう。

歴史上《れきしじょう》の聖人《せいじん》と弟子《でし》たちとの間にある、これだけの差《さ》

もちろん、宗教《しゅうきょう》を信《しん》じている人のなかには、そのように理解《りかい》している人はいると思います。

しかしながら、実際《じっさい》に、今、自分自身が肉体を持って生きているなかにおいて、「この肉体に宿っている魂が自分自身である。その魂が、地上で経験《けいけん》を得《え》、仕事

をするために、今、この肉体を使って生きているのだ」という自覚をつかんでいる人が、いったい、どれほどいるかというと、極めて心もとないものがあります。

・ソクラテス

「そこまではっきりつかんでいる人がいたか」というと、古い時代であれば、●ソクラテスなどは、そのくらいのことは分かっていたと思われます。

それゆえに、彼は、毒杯《どくはい》を仰《あお》いで死ぬことを恐《おそ》れませんでした。「不滅《ふめつ》の魂が何を成《な》したかを後世に遺《のこ》すこと」を重点として考えたからです。

そういう人は、ときどきにはいますが、多くはありません。

・イエス・キリスト

イエス・キリストにしても、『福音書《ふくいんしょ》』のなかで意見が分かれていますが、も

●ソクラテス（前470頃～前399）　古代ギリシャの哲学者。「哲学の祖《そ》」ともいわれる。デルフォイの神託《しんたく》を受け、ソフィストたちを次々と論破。知徳合《ちとくごう》一《いつ》を説き、問答法《もんどうほう》によって人々に「知」の本質を教えたが、青年に害悪を及ぼしたとして死刑判決を受けた。

し、ある『福音書』に書いてあるがごとく、イエスが、十字架《じゅうじか》に架《か》かった後《のち》に、「神よ、神よ、なんぞ、われを見捨《みす》てたまいしか」と言ったとしたならば、残念《ざんねん》ながら、そのイエスは、「地上に属《ぞく》しているイエス」「肉体に属しているイエス」であって、「この地上での生存を自分の生命の中心と捉《とら》えているイエス」であると取れると思います。

しかし、「現実《げんじつ》は、そうではない」ということが、幸福の科学で明かされている事実です。

イエスは、十字架上にて、自分の死ぬときが来たことを悟《さと》り、「エリヤ、エリヤ、ラファエル、ラファエル。私を迎《むか》えに来なさい」と語っていました。

それが、今では、「神よ、神よ、なんぞ、われを見捨てたまいしか」と言ったかのごとく伝《つた》えているものもあり、それを信じている者もいます。残念なことです。「自分であるなら、そう思うだろう」ということを書いているわけです。

●神よ……　「マタイによる福音書《ふくいんしょ》」では、十字架《じゅうじか》上のイエスが「エリ、エリ、レマ、サバクタニ」(神よ、神よ、なんぞ、われを見捨てたまいしか）と叫《さけ》んだと記述されている。「マルコによる福音書」にも同様の記述がある。

もし、そう言ったのならば、それは、イエスに救世主としての自覚が十分にはなかったことを意味しています。また、その『聖書《せいしょ》』を現在まで維持《いじ》しているということは、「それを護《まも》ってきた教会のなかに、その程度《ていど》の信仰《しんこう》しかなかった」ということを意味しています。

イエス自身は、エルサレム入城《にゅうじょう》のときに、「自分がこの世を去るべきときが来た」ということを自覚し、自《みずか》ら進んで、十字架に架かっていきました。それは、当時から千年前になされた、『旧約聖書《きゅうやくせいしょ》』の予言（イザヤ書、ゼカリヤ書など）を成就《じょうじゅ》せんがためです。

それは、「救世主が生まれ、『ホサナ（救《すく》いたまえ）、ホサナ』という声が上がるなか、ロバに乗ってエルサレムに入城し、そして、十字架に架かって、人の子は天に上げられる」といったことです。

その予言が成就されんがために、イエスは予言のとおりの行動を取りました。

それを信じているがために、そして、それが、天上界《てんじょうかい》から、現実に彼に伝えられていたという事実があったがために、彼は、その道を選《えら》んだわけです。

しかし、この世的なことに執《とら》われた弟子《でし》たちの多くは、逃《に》げることを考えていました。「十字架に架かるのなら、先生、逃げましょう」というようなことを言っていましたし、「イエスの仲間《なかま》だ」と言われ、三度、「知らない」と言って裏切《うらぎ》った人（ペテロ）が、初代教皇《しょだいきょうこう》になっています。

師《し》と弟子との間には、それだけの差《さ》があったわけです。それだけの差がある弟子たちが『福音書』などを書いても、そのなかに数多く、誤解《ごかい》や理解できない部分があるのは当然《とうぜん》のことでしょう。

・仏教《ぶっきょう》の浄土真宗《じょうどしんしゅう》の開祖《かいそ》・親鸞《しんらん》

あるいは、浄土真宗《じょうどしんしゅう》の開祖《かいそ》である親鸞《しんらん》が、「悪人でも救われる」というような

●**親鸞**（1173～1262）　浄土真宗の開祖。阿弥陀仏《あみだぶつ》への帰依《きえ》を示す「南無《なむ》阿弥陀仏」こそ、真実の教えであると唱《とな》えた。妻帯《さいたい》しており、善鸞《ぜんらん》など数人の子供がいた。弟子《でし》の唯円《ゆいえん》が親鸞の教えを記《しる》した『歎異抄《たんにしょう》』にある、「善人なをもて往生《おうじょう》をとぐ、いはんや悪人をや」という言葉（悪人正機説《あくにんしょうきせつ》）が有名。

ことを説《と》いたとしても、弟子筋《すじ》の多くは、それを誤解して捉える者も多かったであろうと思います。

「悪人こそ救われる」という言葉は、実は、親鸞のオリジナルではなくて、親鸞の師である法然《ほうねん》が述べた言葉でした。

親鸞自身は、この世において幾《いく》つかの戒律《かいりつ》を破《やぶ》っており、僧侶《そうりょ》としては十分な修行《しゅぎょう》を行えなかったことで、「自分自身は罪人《つみびと》である」と深く自覚していたため、それを「悪人」と称《しょう》していた面もあります。

しかし、その言葉を先に唱《とな》えた法然は、清僧《せいそう》であって、戒律も破っていない人であり、教学をし、戒律を守って、七十代まで尊敬《そんけい》されて生きていた人です。

その人が、「悪人こそ救われる」と、まず先に言ったのですが、今では、親鸞がそれを最初《さいしょ》に言い、親鸞の弟子である唯円《ゆいえん》が聴《き》いて書きつけたかのように思われています。

●**法然**（1133～1212）　日本浄土宗《じょうどしゅう》の開祖。念仏《ねんぶつ》による他力の救いを説いた。主著『選択本願念仏集《せんちゃくほんがんねんぶつしゅう》』。

これは、聴く人によっては、「大きく誤解を呼《よ》ぶ言葉」であったとは思うのです。仏《ほとけ》の、あるいは阿弥陀仏《あみだぶつ》の、本当の意味での「偉大《いだい》なる救済力《きゅうさいりょく》」というものを知っていて、その光と合一できる者にとっては、この世は救いに満《み》ちている世界であるのですが、そうした阿弥陀の救済の力を信じていない者たちにとっては、この世は暗黒の世界にしか見えてはいないわけです。

ただ、親鸞は、「阿弥陀仏の光は、この世に及《およ》んでいるのだ。その光に目を向けて、救いを求《もと》めよ。そのときに、阿弥陀仏と一体となれる」ということを言っていました。

これが理解できる人は、非常《ひじょう》に数少ないのです。信仰も、ギリギリのところまで踏《ふ》み込《こ》んだ場合には、「信仰即《そく》救済」までつながることを言っているのですが、それが分かる人は実に少なく、時代を下《くだ》るにつれて、「悪を犯《おか》せば、救われる」といったような、安易《あんい》な思想になって流れているものもあります。

親鸞は、僧侶であるにもかかわらず戒律を破った「半聖半俗《はんせいはんぞく》」、つまり、「半分聖人、半分俗人」の生活をしていました。そのため、自分を省《かえり》みること深く、後悔《こうかい》すること深く、「いずれ、他の仏教の修行によって救われる身であれば、そういう選択《せんたく》もあったであろうけれども、それをやったところで、とうてい救われる身ではない自分であるから、この南無阿弥陀仏《なむあみだぶつ》の教えにすがって、法然にすかされまいらせても（騙《だま》されても）、ついていきたい。地獄《じごく》に堕《お》ちても、それはもとより、覚悟《かくご》の上である」というようなことを述べているわけです。

この「信心《しんじん》の深さ」ということが、彼がいちばん言いたかったことでした。

・教えを曲げた長男を義絶《ぎぜつ》した親鸞《しんらん》

そして、親鸞《しんらん》は、交通の便《べん》、通信の便の悪い時代において、東国《とうごく》に教線を伸《の》ばすために、長男の善鸞《ぜんらん》を送って伝道《でんどう》させていたのです。

しかし、善鸞は、教線を伸ばすために、この教えを本質から説き起こすのではなくて、「悪を犯せば犯すほどに、救済が早くなる」というような教えを説いて、人々に布教《ふきょう》し、信者を集めていました。

これを聞きつけた晩年《ばんねん》の親鸞は、長男を義絶《ぎぜつ》する、要するに、親子の縁《えん》を切るところまで行《い》っているのです。「悪人こそ救われる」と言ったはずの親鸞が、長男を義絶するところまで行っています。

なぜか。それは、本来の教えと違《ちが》うからです。

もちろん、この教えの中心は、現代的に言えば、「急病人が、救急車で救急病院に運び込まれたときに、複数《ふくすう》の人が運び込まれたら、病院の医者たちは、重体の人、今にも死ぬかもしれない人の治療《ちりょう》からまず取りかかるのが当然であり、治療すれば治《なお》るのが見えている者は後回しになる。そういう考えを仏も持つであろう」ということではあります。

しかし、それを極端化《きょくたん》すると、「罪を犯せば犯すほど、人は救われる」といったことになり、「人を一人殺《ころ》した人よりも、三人殺した人、十人殺した人のほうが、救済がより早くなる」という教えにもなりかねません。

しかし、これは、何らかの意味で論理《ろんり》が破綻《はたん》していることは明らかでしょう。

いったい、どこが違うのでしょうか。それは、親鸞の言葉をもってすれば、「ここに、毒を解毒《げどく》するよい薬があるからといって、『自ら進んで毒を飲め』などという教えを説いてはならないのは当たり前のことである」ということです。

「よい解毒剤《ざい》があるから、いくらでも毒を飲め」というようなことは言ってはいけないし、ましてや、子供《こども》などを考えれば、そのとおりでありましょう。

そういうことを言っているのですが、この〝微妙《びみょう》な違い〟が分からないことがあります。

これが、この世における「救い」の厳しい局面であろうかと思うのです。

2 「神仏《しんぶつ》の慈悲《じひ》」を体現《たいげん》する生き方

救世主《きゅうせいしゅ》であっても謙虚《けんきょ》であらねばならない理由

信仰《しんこう》の世界においては、この地上界から、はるかなる霊天上界《れいてんじょうかい》に向けて、大きな大きな飛躍《ひやく》をしなければ、実際《じっさい》は、神仏《しんぶつ》といわれる存在《そんざい》と一体となれないわけですが、「神仏の存在を、この世の次元まで引き下ろして、それを、この世的な人間のように語りがちである」ということは、今、述《の》べた例《れい》でも分かりやすいのではないでしょうか。

救済《きゅうさい》においても、最終的《さいしゅう》には、「この世における魂《たましい》の救済」というのが中心になってきます。

時代によっては、さまざまな試練《しれん》が人類《じんるい》を見舞《みま》うこともあります。戦争《せんそう》が起きることもあります。救世主としていわれる者のなかにも、民族神的《みんぞくしん》な者も存在はするでしょう。民族を救《すく》おうとする救世主もあるでしょう。戦争のなかには、民族神同士《どうし》の戦争もおそらくはあるでしょう。

しかしながら、この世の生死を超《こ》えて、「何が正しかったのか」ということが探究《たんきゅう》されなければならず、その救世主の本心、本願《ほんがん》としては、やはり、「実在界における正しさが、この地上においても打ち立てられること」が大事だったはずなのです。ここを忘《わす》れてはならないと思います。

この世において救世主になるためには、それだけの「自覚《じかく》」も、「力」も、「勇《ゆう》気《き》」も、「行動力」も、そして、「教えの言葉」も必要《ひつよう》となります。

しかしながら、そうであれば、この世への影響力《えいきょうりょく》や、この世でのパワー、権力《けんりょく》と類似《るいじ》した力も持つことになるので、「何をもって救世主と見、何をもって地上を支配《しはい》しようとしている悪魔《あくま》のパワーであると見るか」ということを見破《みやぶ》るのは、とても難《むずか》しいことです。時代が過《す》ぎ去らなければ分からないことも数多くあります。

そのときに、謙虚《けんきょ》に振《ふ》り返らねばならないことは何でしょうか。

それは、「大きな光の大天使、あるいは大指導霊《だいしどう》であっても、やはり、肉体に宿れば、実在世界のことを完全《かんぜん》に知り尽《つ》くすことはできないので、どうしても、その一部しか示《しめ》すことはできないし、伝《つた》えてこられるものも断片《だんぺん》にしかすぎない」ということを自覚することが大事であろうと思うのです。

また、時代的な制約《せいやく》を受けていることも知らねばならないでしょう。その時代において、人々の生き様に大きく影響されることも事実です。

その意味において、救世主であっても、この世においては、謙虚であらねばならないし、人間として、その器《うつわ》のなかに魂が宿ったならば、自分自身が光の子であることを自覚すべく、努力《どりょく》し、修行《しゅぎょう》を積《つ》み、道に向けての精進《しょうじん》を目指さねばならないようになってくるわけです。

「成功《せいこう》への努力《どりょく》」を「セルフィッシュなもの」にしないための修行《しゅぎょう》

最初《さいしょ》に行き当たるべき問題は、「この世で優《すぐ》れたる者とならんとする努力《どりょく》が、青春期を通り越《こ》すころに、いつの間にか、セルフィッシュなものになってしまいがちである」ということです。

自己実現《じこじつげん》というものは、人間として生まれて、個性《こせい》を持っている以上《いじょう》、どの人にも、ある程度《ていど》、要求《ようきゅう》されていることではあります。

親から頂《いただ》いた肉体や才能《さいのう》、あるいは、国、地域《ちいき》、職業《しょくぎょう》など、いろいろなものによって条件《じょうけん》づけられた存在として生まれてきて、育っていくわけですから、その条件のなかで、自分が覚醒《かくせい》するために、目覚《めざ》めるために、やらねばならない「修《しゅ》行《ぎょう》」があるのです。

しかし、その「覚醒するための修行」は、自己実現のように見えながら、「この世において、自《みずか》らが生きやすく生きること」を目標《もくひょう》としているわけではないということです。

覚醒するとは、「自分が、世の中を照《て》らすべき存在であるのだ。その光であるのだ。闇夜《やみよ》にうごめいている人たちを助けるべき使命を持った人間であるのだ」と自覚すると同時に、「自己の能力を磨《みが》き、より多くの仕事を成《な》していくための力としていかねばならない」ということなのです。

ですから、たとえ、生まれによって、血筋《ちすじ》によって、あるいは与《あた》えられた地位《ちい》によって、人々を導《みちび》くような立場に立ったとしても、簡単《かんたん》に言えば、その人に徳《とく》がなく、人々から忌《い》み嫌《きら》われ、本当の意味において愛《あい》されないような存在であるならば、真の救世主とは言えないであろうと思います。

もちろん、「愛」と言われるもののなかには、奪《うば》うのみの愛もあるので、誤解《ごかい》はされやすいとは思いますが、「神仏の愛」は、最終的には「慈悲《じひ》」につながっていくものです。同じ立場に立っているものではない、「与え切りの愛」なのです。

この慈悲を、どこかに体現《たいげん》していかなければなりません。この慈悲を体現した姿《すがた》が、人間としてのさまざまな「徳」として現《あらわ》れていかなければならないのです。これを知っていかねばなりません。

世界八十億人《おくにん》を導《みちび》くために必要《ひつよう》な努力《どりょく》とは

また、「数多くの人がこの世に生きている」ということは、数多くの人生があり、数多くの考え方があるということでもあります。それだけ多くの人々をすくい取っていくためには、その数多くの人たちを「理解する力」が必要《ひつよう》だということです。

ですから、何千年か前の過去世《かこぜ》における実績《じっせき》だけで、今世《こんぜ》が通用するわけではありません。今、地球上に生きている人類は、八十億《おく》人に近づいており、かつてないほどの大規模《だいきぼ》な人数になっています。こういう人たちを導《みちび》いていかねばならないのであれば、現代においても、さまざまな勉強が必要であるのは当然《とうぜん》のことです。

「救世主」とか、「如来《にょらい》」とか、「大天使」とか、あるいは「天使」とかいわれる方々は、この世においては、さまざまなジャンルのなかでの天才として現れることも数多くあります。

そして、天才の定義《ていぎ》としては、「習わなくてもできる」「生まれつきできる」「他人《ひと》より早くできる」「才能が浅《あさ》く埋《う》まっていて、すぐに開花してくる」というように見られがちです。結果《けっか》的にそう見える場合もあるでしょう。

●如来　霊天上界《れいてんじょうかい》は多次元構造となっており、地球系では九次元宇宙界以下、八次元如来界《にょらいかい》、七次元菩薩界《ぼさつかい》、六次元光明界《こうみょうかい》、五次元善人界《ぜんにんかい》、四次元幽界《ゆうかい》、三次元地上界がある。八次元には、人類の教師役として、宗教の祖や思想・哲学の根源になったような人が存在する。

しかしながら、やはり、これだけ多くの人口を抱《かか》えている世界において、人々に大きな影響を与え、人々を方向づける使命があるとするならば、極力《きょくりょく》、努力《どりょく》に努力を重ねていかねばなりません。この世の諸問題《しょもんだい》について勉強し、それを解決する方法《ほうほう》を探《さぐ》るという努力を続《つづ》けていかねばならないと思うのです。

現代においては、単なる霊感だけでは人は救えません。

この世における数多くの諸問題を解決するための処方箋《しょほうせん》をつくるために、自らも努力し、学習しなくてはならないし、数多くの人の心を読み取っていかねばならないと思います。

そして、それは、単なる演技《えんぎ》やパフォーマンスのレベルで終わってはならないのであって、本当に人々の心に浸透《しんとう》していくものでなければならないと思うのです。

3　この世で「本質《ほんしつ》」を忘《わす》れた旧《ふる》い宗教《しゅうきょう》

この世では、霊的《れいてき》な本質《ほんしつ》を忘《わす》れたものが流行《はや》ることがある

例《たと》えば、アーティストといわれる人のなかからも、数多くの人々に影響《えいきょう》を与《あた》える方が出てくることもあります。

もちろん、そのことが、それぞれの人に本当の意味での愛《あい》を伝《つた》え、彼らの悩《なや》みを救《すく》い、そして、幸福への道標《どうひょう》となるものであるならば、問題はないでしょう。

しかし、そうではないかたちで、この世で流行《はや》ってしまうことも、間々《まま》あります。あるいは、そうではないかたちで、この世で人気が出たり、この世でポスト（地位《ちい》）を与えられたりするようなことだって起こります。

この世の〝空気〟とはそういうもので、違《ちが》ったように流れていくときがあるのです。

こうした際《さい》に、「本質《ほんしつ》」を忘《わす》れないことが大事だと思います。

先ほど、「地上の人間は肉体に魂《たましい》が宿っていることを忘れがちである」と述《の》べましたが、それだけではありません。

「本来、人間という存在《そんざい》は、霊界《れいかい》において魂を持っていて、赤《あか》ん坊《ぼう》としてこの世に生まれ、育つ」ということさえ分からない人、あるいは、「死んだあと、どうなるか」さえ分からない人が大多数なのです。

「悟《さと》りとは何か」を見失《みうしな》った伝統仏教《でんとうぶっきょう》

キリスト教においても、主流は、転生輪廻《てんしょうりんね》さえ否定《ひてい》しています。

仏教《ぶっきょう》においても、その教えを誤解《ごかい》する向きの多い人々には、唯物論《ゆいぶつろん》に近い解釈《かいしゃく》をしている人も数多くいます。仏教系《けい》の大学でも、「人間は死んだら灰《はい》になって、それで終わりだ」といったことを教えている人もいます。

そういう人にとっては、灰になったら、それを海に撒《ま》こうが、樹木《じゅもく》の下に撒こうが同じでしょうし、法事《ほうじ》なども、何の意味もないことになるでしょう。

仏教を学んで、そういう結論《けつろん》になるとは、悲しいことです。

そして、「二千五百年前に、釈尊《しゃくそん》は修行《しゅぎょう》して悟《さと》りを開いたがゆえに、まるで魂が消失《しょうしつ》したかのごとく、天上界《てんじょうかい》の涅槃《ねはん》に入《い》って、二度と、この世には帰ってもこず、縁《えん》も持たない」と信《しん》じている人たちがいるということは、悟りというものが、「極《きわ》めて独善《どくぜん》的で、ほかの人を救うことなど関係《かんけい》していない」といった考えに裏《うら》付《づ》けられているように感じられます。

しかし、そういう、元いた高級霊界に還《かえ》った魂であるならば、何らかのかたちで、迷《まよ》える衆生《しゅじょう》を救い続《つづ》けようとするのが、その本心でなければおかしいでしょう。

こういったことを見ても、時代が下《くだ》るにつれて、人間たちがつくった教義《きょうぎ》は、かなり、自分たちの頭脳《ずのう》の内容《ないよう》に影響されたものになっているように思います。

「天皇《てんのう》という存在《そんざい》の本来の意味」が分からなくなっている皇室《こうしつ》

また、明治以降《めいじいこう》の天皇陛下《てんのうへいか》に対する現人神信仰《あらひとがみしんこう》もありましたけれども、日本では古代からこういう考え方は多くあり、過去《かこ》の諸外国《しょがいこく》にも、「この世の王様が神を兼《か》ねている」といった考え方は多くあったと思います。

確《たし》かに、そうした人たちに偉大《いだい》な魂が宿る場合もありましょうが、あくまでも、謙虚《けんきょ》で、自制心《じせいしん》に富《と》み、人々への慈愛《じあい》に満《み》ちていなければならないものだと、私は思うのです。

日本も今、「平成《へいせい》」が終わり、「令和《れいわ》」の時代に入っていこうとしています（説《せっ》法時点《ぽう》)。そのことについて、数多くの人がいろいろな議論《ぎろん》をしていることでありましょう。日本の皇室《こうしつ》の存続《そんぞく》について、単純《たんじゅん》に祝福《しゅくふく》されている方もおそらくはいるでしょう。

ただ、現時点《げんじてん》では、時代はそうとう危険《きけん》なところまで来ていると考えています。「天皇という存在《そんざい》が、いったい何であるのか」について、天皇自身が分からなくなっているように思いますし、それを戴《いただ》いているところの政治家《せいじか》、国会、国民《こくみん》も、その存在がよく分かっていません。

やはり、かつての絶対《ぜったい》君主の投影のようにも見えつつ、実権《じっけん》のない幻《まぼろし》のごとき存在として象徴《しょうちょう》化しているようにも見えなくもなく、実権はすべて、選挙《せんきょ》で選《えら》ばれた人たちが持っているようにも見えます。

その意味で、地盤《じばん》は極めてもろく、危《あや》ういものだと思うのです。

したがって、今後、皇室において、徳《とく》が失《うしな》われるようなことがあったならば、民心が離《はな》れ、新しい独裁者《どくさいしゃ》が出てくる可能性《かのう》も極めて強いだろうと思います。

皇室自体が、あくまでも、日本古来からの神々の系譜《けいふ》を引きつつ、その祭祀《さいし》を行う存在であることを自覚《じかく》していなければ、あるいは、この国の安寧《あんねい》を願《ねが》うことを本心からできる存在でなければ、存在している意味が理解もできず、理解させることもできなくなるのではないでしょうか。

「流れ」は、戦後《せんご》と同じく、「人間・天皇」へと流れていっているように、私は感じます。皇室においても、人間らしさというか、「庶民《しょみん》の味わう自由や享楽《きょうらく》を満喫《まんきつ》したい」と願う人たちが出てきているように思うのです。

もし、これが、宿る魂の劣化《れっか》によるものであるならば、極めて厳《きび》しいことになるであろうと思います。

「もう一段《いちだん》、霊的な使命と、徳力の増強《ぞうきょう》に努《つと》めていただきたいものだ。そして、利害《りがい》によって離合集散《りごうしゅうさん》する政治の上にあるものであっていただきたいものだ」と考えていますが、週刊誌《しゅうかんし》のネタとして使われ続けるような皇室であるならば、その未来《みらい》は十分には保証《ほしょう》できないものであるでしょう。

憲法《けんぽう》にどういう規定《きてい》があるにせよ、やはり、民《たみ》を思う心において、神仏と同通するような心がなくてはならないのではないかと思います。

これが、今、言えることです。

4　今、世界が求《もと》める新たな宗教《しゅうきょう》の姿《すがた》とは

この世限《かぎ》りの「自己実現欲《じこじつげんよく》」は、悪魔《あくま》の餌食《えじき》となりやすい

そうしたなかで、幸福の科学という宗教《しゅうきょう》が今、日本で台頭してきているわけですが、幸福の科学の使命とは、この一国としての日本を護《まも》り、繁栄《はんえい》させるという

使命ではありません。

幸福の科学は、日本から発祥《はっしょう》はしているものの、「世界にさまざまに分裂《ぶんれつ》していった民族《みんぞく》や諸《しょ》宗教が、争《あらそ》いを生む種《たね》にならないように、そのもとなる神の心を教える」という仕事をしています。「地球全体を覆《おお》う教え」を説《と》こうとしています。

今後、数多くの困難《こんなん》が立ち塞《ふさ》がってくるものだと考えています。それをどこまでやり抜《ぬ》けるかは分かりません。

ただ、知っていなければならないことは、「この世において、玉石混交《ぎょくせきこんこう》の世界が展開《てんかい》されている」ということ、そして、「この世において欲《よく》を持っている人間は、悪魔《あくま》がつくっている地獄《じごく》の悪魔の帝国《ていこく》から、いつも招待状《しょうたいじょう》が来ている人たちである」ということです。それを知らねばなりません。

自己実現《じこじつげん》欲が、聖《せい》なる目的《もくてき》のために伸《の》びていくならよいのですが、この世限《かぎ》りの世界において完結《かんけつ》する、自分が利得《りとく》を得《え》るための自己実現欲であった場合、その欲は、悪魔の餌食《えじき》になっていくのだということを知らねばならないと思います。

たとえ優《すぐ》れた人たちであっても、「悪魔からの招待状」を受け取る方は、数多くいるでしょう。真なる宗教が彼らを目覚《めざ》めさせようとしても、目覚めの途中《とちゅう》で、「悪魔の招待状」で引っ張《ぱ》られていくことも多いでしょう。「悪魔の招待状」を受け取ったほうが、この世において、栄耀栄華《えいようえいが》、名利《みょうり》を得られることも多いからです。

「光と闇《やみ》」「善《ぜん》と悪《あく》」を同時代において分かつ救世主《きゅうせいしゅ》の力

権力《けんりょく》を持っていながら、自《みずか》らの権力を自制《じせい》するのは難《むずか》しいことです。

スーパーナチュラル（超自然的《ちょうしぜんてき》）な能力《のうりょく》を持って、その能力を理性《りせい》的に、合理的にコントロールするのも、とても難しいことです。

あるいは、さまざまな政治的《せいじ》パワーや資金的《しきん》なパワーを持ちながら、それを善《ぜん》なる方向に使おうと努力《どりょく》するのも、難しいことだと思います。

会社一つ例《れい》に挙《あ》げても、上に立つ人が、そのなかで過《す》ごしている多くの人たちの人生に影響《えいきょう》を与《あた》えているということを知るのは、とても難しいことだと思います。

そのように、人の上に立つことの難しさを知りながら、されど、「この世は仮《かり》の世界であって、実相の世界に還《かえ》るための修行《しゅぎょう》をし続《つづ》けている」ということは、救世主《きゅうせいしゅ》から悪魔の手下になった者まで、この世においては逃《のが》れられない現実であるということなのです。

その過程《かてい》においては、戦《たたか》いも起きるでしょう。光と闇《やみ》の戦いも起きるでしょう。「光と闇」「善と悪」を同時代において分かつもの、これが「救世主の力」です。そして、「救世主の願《ねが》い」です。

人々に、「あなたがたが本当に向かうべき方向は、どちらであるのか」を指し示《しめ》し、悪を思いとどまらせ、善を選《えら》び取り、その方向で生きていくように導《みちび》き、来世《らいせ》への道を拓《ひら》く。これが「救世主の仕事」であるのです。

また、政治に転化しては、「この世における地獄をつくらせないための防波堤《ぼうはてい》をつくっていくこと」も大事ではあろうと思います。

いずれにしても、この世で手に入れた権力や、他人《ひと》との競争心《きょうそうしん》から生じてくる「勝ちたい」という思い、あるいは、名誉《めいよ》欲、その他のさまざまな諸欲が、優れたる人間を転落させていくもとになっていきます。

ですから、たとえ、自分の置《お》かれた立場が、今後、どのように変化《へんか》していこうとも、そのなかにおいて、自らの護るべきものを護り、そして、真なる奉仕《ほうし》を成《な》すためには、「神のためにすべてはあるのだ」と知ることが大事です。

救世主といっても、この世においては、やはり、「神にとっての手足」にしかすぎないのは、もちろんのことです。この世には、神の目的を果《は》たすための手足として生まれてくるのですが、あの世に還れば、本来の意識《いしき》にすべてが目覚めていくことは間違《まちが》いありません。

「AIが神の叡智《えいち》に勝つことはない」という真実

今、これだけ問題も多く、たくさんの人口を世界が養《やしな》っているような難しい時代を生きている以上《いじょう》、現実的に地上に地獄をつくらないためには、そうとうな努力が必要《ひつよう》であると思うと同時に、これだけ多くの人たちに、「天国と地獄」や「神の念《おも》われる世界」を伝《つた》えるのは、極《きわ》めて難しい時代に入っていることも事実です。

唯物論《ゆいぶつろん》だけを信《しん》じていても、機械《きかい》文明の進化が妨《さまた》げられることはありません。むしろ有利かもしれません。この世にしか生きていないのならば、この世が生きやすいほうがよいでしょうから、この世がもっと便利《べんり》になればなるほどよいわけです。

人を殺《ころ》しても、それに罪《つみ》の意識を感じない人たちも数多く出てくるだろうし、善悪の問題も、先ほど述《の》べたような考えとは違って、ＡＩがすべてを決める時代、つまり、人工知能が善悪を決めて、「人を殺せ」と言えば、皆殺《みなごろ》しにするといった時代が来るかもしれません。

しかしながら、たとえ、どのような時代が来ようとも、人間よりもはるかに速く計算をし、はるかに多くの知識・情報《じょうほう》をインプットできるような機械ができたとしても、ＡＩは、決して、神の叡智《えいち》に勝つことはありません。

ですから、最後《さいご》は、「神の言葉がすべてだ」ということを知っていることが大事であると思います。

5 「世のために生き抜《ぬ》け」――救世主《きゅうせいしゅ》の号令《ごうれい》のもとに

私たちは、このような困難《こんなん》な時代を生きています。

述《の》べなければいけない論点《ろんてん》は、数多くあります。

それぞれで、やらなければならない仕事も数多くあります。そうした専門《せんもん》の仕事をやっているうちに、権力欲《けんりょくよく》や名誉《めいよ》欲に迷《まよ》って、自《みずか》らを自己保存《じこほぞん》のなかに置《お》いていく人も、後を絶《た》たないと思います。

どうか、心を純化《じゅんか》し、浄化《じょうか》し、常《つね》に原点に帰って、「世のため人のために生き抜《ぬ》くことこそ、自分に与《あた》えられた百年の生涯《しょうがい》である」と自覚《じかく》してください。それが大事であると思います。

そして、その自覚を忘《わす》れないために、常に霊的《れいてき》なことに目覚《めざ》めて生きていくことが大事だと思うのです。

霊性《れいせい》を忘れたら終わりです。

この世がすべてではない。学歴《がくれき》でも、権力でも、会社の名前でも、財産《ざいさん》でも何でもない。顔が美しいかどうかなどではない。

大切なことは、そんなものではなくて、やはり、いかに神仏《しんぶつ》とつながっているか、一体となっているかです。その御手足《みてあし》となって、この世を生き切ることが大事だと思います。

救世主《きゅうせいしゅ》は、そういう目的のために、この世に生まれてきます。

そして、その号令《ごうれい》に気がついたならば、馳《は》せ参《さん》じて、共《とも》に協力《きょうりょく》することが大事です。

ともすれば、この世の世界は、悪魔《あくま》のほうが権力を持つのに有利《ゆうり》になりつつあります。人口も増《ふ》え、「この世だけがすべてだ」と思っている人たちも増えてきました。

今こそ、もう一段《いちだん》、大きな力を持たねばならないときです。

目覚めた人が数多く出なければなりません。

スピリチュアルな人たちは、その力の使い方を間違《まちが》わないように生きていかねばならないと思います。

本章では、「救世主の願《ねが》い」ということについて述べました。

現代《げんだい》という時代の難《むずか》しさを知りつつも、自らを厳《きび》しく律《りっ》して、前に進んでいくことを、心から願いたいと思います。

護《まも》らんとすれば捨《す》てよ

光の天使の世界に入るためには、「護《まも》る」ということだけではなく、「捨《す》てる」ということも大事です。ほんとうに大事なもの以外《いがい》については捨てることが大事であり、捨てることができなかった者は天使の世界には入れません。

捨てなければいけないものとは、この世的な執着《しゅうちゃく》です。この世的に見て「大事だ」と思うものは、たくさんありますが、死んでからあとのことを考えれば、全部、捨てていかなければならないものなのです。

私は、「死んだときに、あの世に持って還《かえ》れるものは、心しかない」ということを教えてきました。

ただ、心には、「善《ぜん》なる心」と「悪なる心」があるため、どちらの心を持って還るかによって、天国に行くか地獄《じごく》に行くかが分かれます。

したがって、心は最終《さいしゅう》のものではなく、もう一段《だん》、教えを進めるならば、「正しい信仰心《しんこうしん》」が必要《ひつよう》なのです。

「正しい信仰心を持って、あの世に還りなさい」というのが、ほんとうの教えです。心だけでは駄目《だめ》で、正しい信仰心を持たなければいけないのです。
正しい信仰心さえ持っていれば、あとのものは要《い》りません。
あとのものは、いずれ、この世から全部消えていくものであり、
あの世に持って還ることはできないものなので、
やがて捨てなければいけないのです。

「護る」という考えもありますが、
「捨てなければいけない」という考えもあるわけです。
最近、私は、「不惜身命《ふしゃくしんみょう》」という言葉もよく使っていますが、これは、
「真実、大事なこと以外のものは、捨てるつもりである」ということです。
不惜身命とは、「この世の命さえ捨てる。惜《お》しまない」

ということであり、私は、そのつもりでやっています。
この世の命は、それほど長いものではないので、
大事なのは、「これから数百年後、数千年後の人々のために、
どれだけ真理の種《たね》をまき続《つづ》けられるか」ということです。
「現在《げんざい》ただいまに生きている人たちに幸福になっていただく」
ということだけが私の仕事ではありません。
いますぐには実らなくても、これから数百年、数千年のちの、
未来《みらい》の人たちまで幸福にするために、
真理の種をまき続けなくてはいけないのです。

まかれた種は、いずれ、その命を失《うしな》いますが、
やがて、数百倍、数千倍になって、
大きな実りを得《え》ることができるようになります。
それがはるか先のことになる場合もあるでしょうが、
私の目は、そういう先のほうまで見ています。

みなさんは、そのはるか未来における多くの人たちを救《すく》っていくための
〝土壌《どじょう》〟になっているわけです。
種をまいても、土がなければ芽《め》は出ません。
あなたがたは〝よき土〟であってほしいのです。

「護る」ということは大事です。

しかし、「捨てる」ということも大事です。

そして、「護るということと、捨てるということが、同じになる」

という、不思議《ふしぎ》なこともあります。


禅《ぜん》の公案《こうあん》風に言えば、「護らんとすれば捨てよ」という表現になりますが、

「捨てる」ということは意外に大事なのです。

「自分は何を捨てるか。そして、最後に残《のこ》るものは何か」

ということを、やはり考えなければいけません。


私も、そのつもりでやっています。

第6章

奇跡《きせき》を起こす力

——透明《とうめい》な心、愛《あい》の実践《じっせん》、祈《いの》りで未来《みらい》を拓《ひら》け

THE POWER TO
MAKE MIRACLES

1　未来《みらい》を「今」に引き寄《よ》せる力

三十三年間で三千回の説法《せっぽう》、二千六百書の著書《ちょしょ》

本章のもととなる説法《せっぽう》は二〇一八年の年末《ねんまつ》に行ったもので、この年の百五十一回目の説法でした。トータルでは二千八百四十八回目です。

私の第一目標《もくひょう》は●三千回だったので、「二〇一九年は、いよいよ、三千回を目指して頑張《がんば》らなくてはいけない」と思いました。

著書《ちょしょ》のほうでは二千五百書を目標にしていましたが、「そのあたりで最初《さいしょ》のレベルの目標に到達《とうたつ》か」と思っています（注。二〇一九年一月時点で大川隆法著作点数は二千五百書を突破《とっぱ》し、本書発刊《はっかん》時点の二〇一九年十二月で二千六百書を突

●三千回だったので……　2019年9月29日収録「ホメイニ師の霊言②」で説法3000回を突破した。

破した)。

私が教団《きょうだん》を始めたころ、先輩《せんぱい》教団として、生長《せいちょう》の家《いえ》という大きな団体がありました。そこの創始者《そうししゃ》である谷口雅春氏《たにぐちまさはるし》は、九十一歳《さい》までかかりましたが、立宗《りっしゅう》してから五十五年で約《やく》三千回の講演《こうえん》をしました。

その三千回を、私は、とりあえず最初の目標にしたのですが、今、「立宗から三十三年ぐらいで、三千回まで行けそうかな」と見ています。

それは、「私のほうが頑張っている」というよりは、「何でもいいから、球《たま》を打って出塁《しゅつるい》している」という状態《じょうたい》が続《つづ》いていることを意味しており、決して質《しつ》の高さを言っているわけではありません。

それでも、ときどき、「厳《きび》しいかな」と思う山場を越《こ》えたり、「これは無理《むり》かな」と思っているものを越えたりしていくときには、うれしいこともあるのです。

法話《ほうわ》「宇宙《うちゅう》時代の幕開《まくあ》け」以後《いご》に数多く出現《しゅつげん》しているＵＦＯ

二〇一八年の夏には宇宙《うちゅう》時代についての話をしましたが、「この話をするのは、日本では、まだ少し早いのではないか」という思いもずいぶん持っていたため、抵抗《ていこう》感がありました。

本講演の本会場である幕張《まくはり》メッセにも、広報《こうほう》局の招待《しょうたい》で、おそらくマスコミの方が百人以上《いじょう》来られたと思います。もちろん、来てくださるのはとてもうれしいのですが、古い熱心《ねっしん》な信者《しんじゃ》と外の人とでは、見る目にかなり差《さ》があるので、話をするのがとても難《むずか》しいのです。

しかし、二〇一八年の夏に「宇宙時代の幕開け」について話をしたら、急速に、ＵＦＯを数多く写真やムービー（動画）に撮《と》ることができるようになり、「向こうから幸福の科学に協力《きょうりょく》しに来てくださっているらしい」ということが分かりました。

●宇宙時代についての……　2018年7月4日、埼玉《さいたま》県・さいたまスーパーアリーナにて、「宇宙時代の幕開け」と題して講演会を行った。『青銅の法』（幸福の科学出版刊）第4章参照。

また、その年の秋には、アニメーション映画《えいが》「宇宙の法―黎明編《れいめいへん》―」を公開し、（二〇〇三年公開の映画「黄金の法」以来）十五年ぶりぐらいのヒットを出すことができました。この映画はアメリカでも公開され、なかなか好評《こうひょう》のようなので、期待はしています。

未来《みらい》が「現在《げんざい》ただいま」のように感じられる人生観《かん》

それ以外の映画も含《ふく》めて、この年には、今後のさまざまな映画についての計画を、二〇二五年公開予定のものぐらいまでつくったりしました。これは私の性格《せいかく》によるものです。そのくらい先の計画までつくっておかないと事業性が立ってこないので、ずいぶん先までつくっていくことになるのです。

おかげで、私は歌もたくさんつくることになってしまいました。

•先ほど歌が二曲披露《ひろう》されましたが、まさか、映画のために、これほどたくさん

●先ほど歌が……　本講演に先立ち、映画「僕の彼女は魔法使い」（製作総指揮・原案 大川隆法／2019年2月公開）のイメージソング「夢の時間」（作詞・作曲 大川隆法）を女優の千眼美子《せんげんよしこ》が歌い、同映画の主題歌「Hold On《ホールド オン》」（作詞・作曲 大川隆法 歌唱 大川咲也加《さやか》）のミュージックビデオが上映された。

の歌をつくることになるとは、思ってもみませんでした。

余興《よきょう》のつもりで観《み》ていただいていたのですが、だんだん数が増《ふ》えてきて、「もし、これを本業と間違《まちが》われたら、どうしようか」と思うぐらいの数の曲ができています。

今までに発表しているのは、まだ三十曲ぐらいだと思うのですが、●もう八十曲以上つくってあり、そうとう先の分までつくってあるのです。「いったい、どういうことになっているのだ」と自分でも思うのですが、今回の講演は奇跡《きせき》の話なので、「構《かま》わない」と思っています。

私の場合、未来《みらい》を体感できるというか、「来年、再来年《さ》、五年後、十年後」という未来が、「現在《げんざい》ただいま」のように感じられるのです。

「その年代に行ったとき、自分なら、どのような仕事をするか」ということを考えると、引き寄《よ》せられるように、その時代が「現在ただいま」のなかに下りて

●もう八十曲以上……　2019年1月時点で作詞・作曲した数は100曲を超えた。

きます。そういう人生観《かん》で私は生きているのです。

2　奇跡《きせき》を元手《もとで》に仕事をし続《つづ》ける力

奇跡なくして「立宗《りっしゅう》」も「三十数年の伝道《でんどう》活動」もなかった

「奇跡《きせき》を起こす力」といっても、私自身は、もう、奇跡の連続《れんぞく》でずっとやってきているので、奇跡が起きないほうが不思議《ふしぎ》というか、「奇跡を元手《もとで》にして仕事をし続《つづ》けている」というのが正直なところです。奇跡なくして、「立宗《りっしゅう》」も「三十数年の伝道《でんどう》活動」もなかったと思います。

本会場である幕張《まくはり》メッセに集まられたみなさんは一万数千人ですが、この講演《こうえん》は時差《じさ》のある会場も含《ふく》めて、全世界の約《やく》三千五百カ所に衛星中継《えいせいちゅうけい》されます。

日本では、宗教に関《かん》しては、数字を小さく消し込《こ》んでいくのが主流なので、「集まった人の数だけが会員数だ」と思っている人もいると思います。

しかし、釈尊《しゃくそん》の生誕地《せいたんち》であるネパールにも当会の支部《しぶ》があり、ストゥーパ型《がた》の大きな支部精舎《しょうじゃ》が建《た》っていて、三万人を超《こ》える信者《しんじゃ》が現地《げんち》にはいるのです。また、インドには、もう数十万人も信者がいます。

世界中にいる信者の数はとても多く、それを教団組織《きょうだんそしき》が支《ささ》え切れないようなかたちになっています。海外の信者には、非常《ひじょう》に低《ひく》いサービスで我慢《がまん》していただいているのです。それでも、海外の活動は、日本のみなさんの尊《とうと》いお布施《ふせ》で支えていただいており、さまざまな活動が進んでいます。

三十以上《いじょう》の言語に翻訳《ほんやく》された著書《ちょしょ》は全世界で数億冊《すうおくさつ》に

最近《さいきん》では、私は●ドイツで講演をすることができました。ＥＵのすべてをも対象《たいしょう》

●ドイツで講演…… 2018年10月7日、ドイツ・ベルリンのホテル ザ・リッツ・カールトン ベルリンにて、“Love for the Future《ラヴ フォー ザ フューチャー》”と題して英語講演と質疑応答を行った。『Love for the Future』(幸福の科学出版刊)参照。

にしながら話をしたのですが、ドイツを訪問《ほうもん》してみて、日本が国として進んでいることがよく分かりました。

ＧＤＰ（国内総生産《そうせいさん》）では日本の次はドイツなのだと思いますが、実際《じっさい》にドイツ国内を体験《たいけん》してみると、「日本のほうがはるかに進んでいる」と思えるところが、かなりの部分においてありました。

私たちは、そのような進んだ国のなかに、今、生きているのですが、そのことを実感していないことが残念《ざんねん》に感じられます。

それ以外《いがい》の国々に関しては、もっともっと時代落差のようなものを感じており、「小さくまとまりがちな日本人が今、誇《ほこ》りを持つべきものができてきたのではないか」と考えています。

私がこの幕張メッセの国際展示場《てんじじょう》で講演をしたのは、一九九〇年が最初《さいしょ》で、その後も何回も行いましたが、初回から本講演まで、もう二十八年が過《す》ぎました。

その間《かん》、この教団を支えつつ、国内でさまざまな活動を繰《く》り広げ、海外にも多くの人の努力《どりょく》によって教えが広がっていることを、とてもうれしく思います。

私の著書《ちょしょ》は日本語のものだけではありません。世界の三十一言語に翻訳《ほんやく》されています。出版《しゅっぱん》総数は、正直言って、もはや数えることはできないのですが、推定《すいてい》で「数億冊《すうおくさつ》には達《たっ》している」と言われています。

それから、発展途上《とじょう》国においては、私の説法の録画映像《ろくがえいぞう》が〝紙芝居風《かみしばいふう》〟に各地《かくち》を巡回《じゅんかい》している場合があるため、私の説法を聴《き》いたことのある人を正確《せいかく》に数えることは、ほぼ不可能《ふかのう》ではあるのですが、「たぶん、五億人から十億人ぐらいは、私の説法を聴いているだろう」と推定されます。

また、当会は映画もたくさんつくっており、映画館でも上映されていますが、海外では当会の映画も〝紙芝居風〟に順番《じゅんばん》に回っていき、いろいろなところで観《み》ていただいています。そのため、観た人の数は、もはや計算不可能のレベルになっています。

こうした海外での活動のほとんどは、日本の人たちの力強いお支えによって成《な》り立っているものだと感謝《かんしゃ》しています。

「できない」という固定観念《こていかんねん》を打ち破《やぶ》る決断《けつだん》

二十八年前にも、この会場（国際展示場）で講演会《こうえんかい》をしたわけですが、幕張メッセには、「イベントホール」という、講演会用の七千人ぐらい収容《しゅうよう》できる会場もあり、最初はそちらで講演会を行いました。

そちらは、音響《おんきょう》がよくて、とても楽な会場だったのですが、次に講演会場となった国際展示場のほうは、もともと講演会用にはできていないため、「はたして、できるかどうか」がよく分からず、「国際展示場で講演をする」と決めるのは、とても難《むずか》しいことでした。

「柱の陰《かげ》にいる人には話し手の姿《すがた》が見えない」「声が届《とど》かない」「声が壁《かべ》に反射《はんしゃ》して入り乱《みだ》れる」「冷暖房《れいだんぼう》が効《き》かない」「トイレの数が少ない」など、いろいろな理由で、「できない、できない、できない」という言葉のオンパレードだったのです。

しかし、いろいろな知恵《ちえ》を使い、かなり強引《ごういん》に押《お》し切って講演会を行いました。

その二十八年後に、ここから全世界約三千五百カ所に衛星中継をかけるほどになるとは、当時は想像していませんでした。

また、みなさんがずっと来続けてくださることについても、当時は、それほど期待はしていなかったのです。今の私と同じ年になっても、まだ来てくださる人がたくさんいらっしゃるとは思いませんでした。ありがとうございます。

そのころには、ヤング・エリートや憧《あこが》れの若《わか》い女性《じょせい》だった方々が、今の私と同じぐらいの年齢《ねんれい》になっても……。「今は美しくない」と言っているのではありません（笑）。今の私と同じぐらいの年齢になっても、まだ輝《かがや》き続けていらっしゃることを、とてもうれしく思います。

「心を若《わか》くして、現実《げんじつ》の自分自身を変《か》える」魔法《まほう》

そして、奇跡のうちには入らないかもしれませんが、私も何だか、年を取りません。どうしたわけか、年を取らないのです。

日本の定年が、普通《ふつう》は六十歳《さい》ぐらいのところを、何とか六十五歳ぐらいまで延《の》ばそうと、政府《せいふ》が音頭《おんど》を取ってやっていますが、私自身、「六十歳で定年って、何？　そんなに若《わか》いのに、どうして定年になるの？」というように感じているのです。

また、娘《むすめ》と買い物などに行くと、会社の同僚《どうりょう》だと間違《まちが》われたりすることもあり、密《ひそ》かに喜《よろこ》んだりしています。あちらには迷惑《めいわく》をかけているのですけれども、「同僚の方ですか」「お友達ですか」などと言われると、「ハッハッハッ」と笑《わら》うしか

ありません。

魔法《まほう》というのは、木《こ》の葉を黄金に変《か》えるようなことだけではなくて、「心を若くして、現実《げんじつ》の自分自身を変えていくこと」も、魔法の一つなのです。

私も、若いころに、この国際展示場で講演をしたときには、力いっぱいに、「これでもか、これでもか」という感じでやっていて、その声に、また、エコーがかかってグワングワンになってしまい、聴衆《ちょうしゅう》の方々に聴こえないような状況《じょうきょう》になったことも多かったのです。

ところが、今では、このくらいの人数（約一万四千人収容）だと、すごく楽に講演ができるので、「何だか、ちょっと力が入らないな」という感じもするのです。できれば、世界のみなさんの映像をこちら側《がわ》からも観ることができて、「あ、あそこはこうだな」「ここはこうだな」と、観ながら説法を行えるといいなという感じを持っています。

いずれ、近いうちに、そのような時代も来るかもしれません。

3　今後さらに多くの奇跡実体験《きせきじったいけん》が出る

奇跡を起こす幸福の科学の映画《えいが》

前置《まえお》きが長くなりましたが、本章のテーマについてお話を進めましょう。

私のほうでは、今までも数多くの奇跡《きせき》が起きてきていますけれども、今後は、それ以上《いじょう》の「奇跡の年」にしようと考えています。

その一つは、二〇一九年二月公開の映画《えいが》「僕《ぼく》の彼女は魔法使《まほうつか》い」（製作総指《せいさくそうし》揮《き》・原案《げんあん》 大川隆法）です。これには魔法がかけてあります。映画自体に魔法がかかっていますし、主題歌にも魔法がかかっているので、「この映画を観《み》た人には魔法がかかって、奇跡が起きる」というのが、二〇一九年の第一段階《だんかい》目です。

それから、同年十月には、映画「世界から希望《きぼう》が消えたなら。」（製作総指揮・原案 大川隆法）も公開されます。

これは、十五年ほど前（二〇〇四年）に、私自身の身に起きた事件《じけん》を、八十パーセントぐらいは忠実《ちゅうじつ》になぞりながらつくった映画です。映画なので、一部、シチュエーションを変《か》えてはいますが、十五年前に、実際《じっさい》に私の身に起きた奇跡の体験《たいけん》を映画化したものなのです。

本作品の監督《かんとく》は、撮影《さつえい》中、毎朝、「この映画を観た人の病気が治《なお》りますように」と祈《いの》ってから撮影していたそうです。ちなみに、それは一つ目の祈りで、二つ目の祈りは、「私の生霊《いきりょう》が大川総裁《そうさい》のところに行きませんように」というものだったそうですが。

監督は、毎朝、朝早く起きては、この二つの願《ねが》いを祈ってから撮影に臨《のぞ》んでいたと聞いています。それだけの祈りが入って撮影していますので、この映画が公開されると、「病気が治る」という奇跡が数多く出ることでしょう。

数え切れないほどの奇跡体験《きせきたいけん》が起き続《つづ》けている

幸福の科学では、病気が治った実例《じつれい》は、すでに数百から数千ぐらいは報告《ほうこく》されていますけれども、もう数えるのも大変《たいへん》なので、数えていません。ずぼらで申し訳《わけ》ないのですが、おそらく、日本全国、全世界のいろいろなところで数多く起きていることでしょう。

ときどき、幸福の科学の布教誌《ふきょうし》や、その他の媒体《ばいたい》にも、奇跡《きせき》の体験《たいけん》談が載《の》っていることがあります。

実は、そういった奇跡が起きたことをみなさんが知るのと、総裁が知るのとは、同じく、その布教誌を読んだときなのです。そういう、やや笑《わら》える状態《じょうたい》ではあるのですが、そのくらい普通《ふつう》に奇跡が起きるので、いちいち報告など私に来ないわけです。あまりにも多すぎて、報告ができないのです。

あちこちで「金粉現象《きんぷんげんしょう》」が起きる幸福の科学の行事

珍《めずら》しい例としては、二〇一七年十二月に、東京正心館《しょうしんかん》で、『パンダルンダ』（幸福の科学出版《しゅっぱん》刊）という絵本を使い、大川紫央《しお》総裁補佐《ほさ》や千眼美子《せんげんよしこ》さんなどが一緒《いっしょ》になって、クリスマス会を開いたときのことです。

そこでは、子供《こども》たちが多数参加《さんか》し、紙芝居《かみしばい》を観たり、歌ったり踊《おど》ったりもしたのですが、金粉《きんぷん》がたくさん降《ふ》りました。また、後日、ほかのところで上映会を行《おこな》っても、やはり、金粉がたくさん降るという現象《げんしょう》が出ていて、これに関《かん》しては、資料《しりょう》もかなりつくってあります。

このように、絵本の会程度《ていど》で金粉が降ってしまうのです。

これは、現代《げんだい》の物理学者たちには衝撃《しょうげき》であろうと思いますが、降るものは降るのだからしかたがありません。はっきりと見えるのです。ただ、それによって大金持ちになることはないようです。粉《こな》で出てくるので、もう少し溜《た》まって固《かた》めないと、お金に換《か》えることはできませんが。

おそらくは、子供たちの心が純粋《じゅんすい》なので、絵本の読み合わせや発表などをしても、天使たちが数多く来ているのだろうと思います。その真理の実証《じっしょう》として、「金粉を降らす」という現象が起きるのでしょう。こうしたことは、実は、初期《しょき》のころからよく起きていることではあるのですが、子供を中心にすると、特《とく》に数多く起きているようです。

●今後も全国で、また、そういうこともあろうかと思いますので、そのときは、みなさん、必《かなら》ずスマホを持って来てください。金粉が出てくれることはうれしいものの、証拠《しょうこ》をきちんと取っておかないと、一日とか、最長《さいちょう》でも一週間ぐらいで

●今後も全国で……　本講演後も、各会場で金粉《きんぷん》が降る現象が続出している。

消えてしまうことが多いのです。素早《すばや》く検査《けんさ》した人によれば、金とまったく同じ成分《せいぶん》だそうですが、一週間以上もったことがなく、消えていくというのです。

これが、霊天上界《れいてんじょうかい》の霊的なエネルギーが、この地上に物質化《ぶっしつ》するメカニズムをよく表してはいるのだろうと思います。現実に、四次元以降《いこう》の高次元世界から、この地上界に何かの奇跡を起こそうとしたら、そういうことが起きるということです。

過去《かこ》の転生《てんしょう》が明らかになったことでアトピーが治《なお》った奇跡実例《きせきじつれい》

そのような金粉現象の変化形として、「いろいろな病気が治《なお》る」という現象があるわけです。

例《たと》えば、三大病の一つにガンがあります。男性《だんせい》の三割《わり》はガンで亡《な》くなるとも言われていますけれども、幸福の科学では、「病院で検査したときには、こぶし大のガン細胞《さいぼう》があったのに、精舎《しょうじゃ》等で祈願《きがん》をしたら、次の検査では完全《かんぜん》に消えていた」ということは、しょっちゅう報告されていることです。

それから、欧米《おうべい》化した食生活によって心臓《しんぞう》の病気も増《ふ》えてきていますが、これも、治るケースが数多く出てきています。その他、難病《なんびょう》・奇病《きびょう》と言われていて、「現代医学では説明《せつめい》ができません」とか、「解明《かいめい》できません」「治す方法がありません」と言われたものが、幸福の科学のいろいろなもので治っていきます。不思《ふし》議《ぎ》なことです。

例えば、アトピー性皮膚炎《ひふえん》のなかには、「太陽光線が当たると、全身にアトピーが出てしまう」という症状《しょうじょう》もあり、「太陽の下に出られない」というような人もいます。

以前、●箱根《はこね》精舎で私が説法を行ったときにも、そういう人が質疑《しつぎ》応答《おうとう》のなかで、「私は、日の光に当たるとアトピーになるんです」と言うので、その場で詳《くわ》しく

●箱根精舎で……　2010年8月1日法話「Think Big《スィンク　ビッグ》!」。『Think Big!』（幸福の科学出版刊）第3章参照。

リーディングをかけてみたのです。

幸福の科学の信者《しんじゃ》でない人はお笑いになるかもしれませんが、今、当会は、「宇宙人《うちゅうじん》リーディング」というものを数多く行っていて、「地球で人類《じんるい》として生まれる前の、宇宙時代の過去世《かこぜ》を持っている」という人が、そうとうの数出てきています。この数の出方から見れば、実際、そのとおりであったのではないかと思うのです。

そこで、その質問者にも、私が宇宙人リーディングをしてみたところ、その人は「昔、火星に生きていたことがある」ということが出てきました。

火星は、日が当たるときはものすごく高温になり、当たらないとものすごく寒い温度になる星です。そのため、日の光をとても恐《おそ》れて、地下で生活をするという習性のある火星人がいたわけです。

それで、本人が信じるかどうかは別《べつ》として、リーディング結果《けっか》として、「おそらく、日の光に当たると、ものすごく温度が上がるので、それを避《さ》けていた過去世があると見えて、それが魂《たましい》に残《のこ》っているがゆえに、太陽の光に当たるとアレルギーが出るのだ」というようなことを、その場で即答《そくとう》しました。

すると、その人は、一カ月たつかたたないかのうちに、全身がツルツルになって、本当にアトピーが治ってしまったのです。

病気は「本当の原因《げんいん》を本人が自覚《じかく》した段階《だんかい》」で崩壊《ほうかい》していく

当会以外にも、こうした報告は数多くあります。

例えば、心理療法《りょうほう》においても、退行催眠《たいこうさいみん》を行うことにより、忘《わす》れている幼少《ようしょう》時の出来事などを思い出させて原因《げんいん》を探《さぐ》る方法が確立《かくりつ》されています。本当は現在《げんざい》に影響《えいきょう》しているにもかかわらず、本人が自覚《じかく》していないことを調べるために行うものですが、退行催眠を進めるうちに、生まれる前の記憶《きおく》まで戻《もど》ってしまう人がいます。お母さんの産道《さんどう》を通っているところや、お腹《なか》のなかにいるところを話したり、それ以前に天上界で生活していたときのことや、さらに、その天上界での生活よりも前に、別の人間として生きていた時代の話までしたりする人も、一定の比率《ひりつ》で報告されているのです。

ただ、普通は、そういったものが記憶として残っているのは五歳《さい》ぐらいまでであり、たいていの場合、小学校を上がるころから記憶がなくなっていき、この世の知識《ちしき》や経験《けいけん》のほうに入れ替《か》わっていくわけです。

人はいろいろな過去世を持っていますが、過去世に経験したことが原因で現在病気になっている人も数多くいます。そのため、理由が分からない病気になっている人、不思議な難病になっている人などの過去世リーディングを行うと、今世《こんぜ》を見ただけでは分からない病気の原因が分かることもよくあるのです。

そうすると、不思議なことに、退行催眠によるものとまったく同じ現象が起きます。つまり、その原因を突《つ》き止めた段階で、〝カルマの現象化〟というか、業《ごう》の現実化したものが崩壊《ほうかい》し始め、病気が治っていくようなことが起きるのです。

そのように、本人が自覚した段階で病気が崩壊していくわけです。

これはまことに不思議なことです。どうしてそうなるのか不思議に感じるほどですが、真の原因について本人が納得《なっとく》すると、その病気がどんどん崩壊し始め、消えていくのです。

おそらく、今後は、そうした奇跡《きせき》現象を経験される人が数多く出てくるでしょう。

4　世界は大きな奇跡《きせき》に満《み》ち満ちている

「病気が治《なお》った」等の奇跡現象《げんしょう》は記録《きろく》を取っておくとよい

私が直接《ちょくせつ》リーディングをした場合はよく分かると思いますが、そうでなくても、幸福の科学には全国に精舎《しょうじゃ》という研修施設《けんしゅうしせつ》がありますそういうところで瞑想研《めいそう》修等を受けると、過去世《かこぜ》の意識《いしき》が戻《もど》ってきて、その当時のことが視《み》えてきたり、あるいは、瞑想状態《じょうたい》のなかで病気等の原因《げんいん》が分かってきたり、自分の守護霊《しゅごれい》の声が聴《き》こえたりするようなことが起きることもあります。今後は、そういうことがさらに数多く起きてくると思います。

そこで、幸福の科学の信者《しんじゃ》のみなさんにお願《ねが》いしたいこととしては、病気が治《なお》った等の現象《げんしょう》があれば、なるべく記録《きろく》を取っておいてほしいのです（注。ドキュメンタリー映画《えいが》「奇跡《きせき》との出会い。――心に寄《よ》り添《そ》う。３――」〔企画《きかく》 大川隆法〕が二〇二〇年八月下旬《げじゅん》公開予定）。

当会では、奇跡が起きても〝普通《ふつう》〟のことにしてしまうことが多いのですが、活字になっているようなことは、病院が驚《おどろ》くようなものばかりです。「あれ？ 間違《まちが》えたかな？ レントゲン装置《そうち》が誤作動《ごさどう》して写ったのかな？」というような、本来、あるはずのないことが数多くあります。そのようにして、「病気が治る」といったことが数多く起きているわけです。

すべての人が「自分で治《なお》す能力《のうりょく》」を持っている

私は、積極的《せっきょく》に「治《なお》そう」などと言ったことは一度もありません。これは〝勝手に治る〟のです。

日本では「医師法《いしほう》」などという堅《かた》い法律《ほうりつ》があるため、あまり「病気が治せる」と言うとよくないようなので、幸福の科学では、病気が勝手に治るということにしています。自分が祈願《きがん》に参加《さんか》し、自分で病気を治す分には何も問題はありませんので、ぜひ、当会の精舎等の施設へ行き、「公案《こうあん》研修」や「瞑想」、「祈《いの》り」、「法話研修」等を受けて、体の不調和《ふちょうわ》なところを根本的な原因まで探《さぐ》り、自分自身で治してください。

なぜなら、すべての人は、もともとそういう能力《のうりょく》を自分自身で持っているからです。

すべての人に魂《たましい》が宿っていること自体が奇跡《きせき》

私の本のなかにも書いてあるように、人間は、実は、神仏《しんぶつ》から分かれてきた光そのものなのです。

その光の量《りょう》の「多い、少ない」はありますし、現実の役割《やくわり》として、大きな使命を持った光の大指導霊《だいしどう》や大天使というような存在《そんざい》がいることも事実です。そうした役割を誰《だれ》もがみな持っているわけではありませんけれども、少なくとも、「すべての人には魂《たましい》が宿っているということ、これも奇跡《きせき》である」と言えるのではないでしょうか。

普通は、「人間機械説《きかいせつ》」のように、肉体が〝機械〟として生き、使命を終え、何十年かで亡《な》くなるといった考えが〝常識的《じょうしき》〟な考え方でしょう。

しかし、実際《じっさい》には、ご丁寧《ていねい》にも、肉体のなかに魂というものが宿っているのです。その魂は、過去、幾転生《いくてんしょう》してきた記憶《きおく》をも持っています。そうしたものに魂はつながっているのです。

これは、大変《たいへん》な奇跡なのです。

人生三万日の間の経験《けいけん》には、みな意味がある

人間は、実は、魂のほうが本体であり、霊天上界《てんじょうかい》、実在界といわれる世界にいるほうが本当なのです。

ですから、この地上にいる三万日ぐらいの人生というのは、「魂の学校」としての地上の世界に、魂の経験《けいけん》を積《つ》むために生まれてきているのだということを知ってください。

そのように考えたときに、人生におけるさまざまな苦難《くなん》や困難《こんなん》、病気、あるいは、事業での失敗《しっぱい》、人間関係《かんけい》での挫折《ざせつ》等にも、みな、意味があるということが分かるでしょう。

霊天上界では、それぞれの魂は、自分なりの悟《さと》りに応《おう》じた世界に住んでいます。

ただ、自分と同じぐらいのレベルの人たちと生活をしているだけであれば、それ

以上《いじょう》の経験はできません。ところが、この地上では新たな経験ができます。

この世では、いろいろな人と出会えます。そして、それぞれの人が、本当はどういう人であるかは分かりません。もしかしたら、自分の前に座《すわ》っている人は、本当は、大きな羽をゆっさゆっさと揺《ゆ》らしているかもしれないのです。しかし、この世の目ではそれが視えないので、まったく気にならないということもあるでしょう。

日本神道《しんとう》の源流《げんりゅう》にある天御祖神《あめのみおやがみ》の存在《そんざい》

幸福の科学の講演会《こうえんかい》では、時折《ときおり》、私の霊的な姿《すがた》の一端《いったん》が視える人もいるようです。

例《たと》えば、一九八〇年代の後半、ある講演会に参加した子供《こども》などは、私の姿が、大仏《だいぶつ》が歩いているような感じに視えたそうです。そのとき、会場内では大仏の脚《あし》から下の部分しか見えず、そこから上は天井《てんじょう》を突《つ》き抜《ぬ》けてしまっていたといいます。

あいにく、会場が両国国技館《りょうごくこくぎかん》だったこともあって、相撲《すもう》取りが歩いてくるようにでも視えたのかもしれません（笑）。当時は、「そんなバカな」と思いつつも、うれしいような、うれしくないような気持ちで聞いていました。

ところが、最近《さいきん》、それがあながち外れているわけではないことが分かってきたのです。

というのも、当会の宇宙人《うちゅうじん》リーディングのなかで、日本神道《しんとう》を遡《さかのぼ》ると、いちばん古い神として「●天御祖神《あめのみおやがみ》」という方が存在《そんざい》するらしいということが判明《はんめい》したのです。

そのリーディングでは、天御祖神は、大昔に、アンドロメダ銀河《ぎんが》のほうから大《だい》船団《せんだん》を率《ひき》いて、人類型《じんるいがた》の生命を約《やく》二十万人ほど連《つ》れ、日本の富士山《ふじさん》の麓《ふもと》あたりに

●天御祖神　本書P261参照。

降《お》りたとされています。そして、その最古の最高神を描写《びょうしゃ》させてみると、なんと、全長二十五メートルもある力士型の存在だったのです。日本の相撲にはそれほど古い起源《きげん》があったのかということで、非常《ひじょう》に驚きましたし、「今の人類は食糧難《しょくりょうなん》で小さくなったのだろうか」などと、いろいろなことを考えました。

そのように、「相撲というものは、日本神道の源流の最初《さいしょ》のころからあり、合掌《がっしょう》やお辞儀《じぎ》といった神道の習慣《しゅうかん》も当時からあったらしい」ということが明らかになってきているのです。

「本当の自分」「運命の人」「ファンタスティックな世界」との出会いをさまざまなことを述《の》べてきましたが、世界は、人間がこの世に生まれて教育を受けて知ったものよりも、はるかに大きなものであり、奇跡に満《み》ち満ちたものであるということが分かってきつつあります。

そうした悟りのなかで、「自分自身とは何か」をつかむことができれば、今までの自分ではとても不可能《ふかのう》だと思えるようなことでも、現実には起きていくようになります。それが、「自分自身の殻《から》を破《やぶ》る」ということなのです。

それまでは、「肉体のなかに宿った自分」というかたちでしか自分のことを見ることができなかったのが、そうではない自分が見えてきます。例えば、かつては霊天上界にいた自分だったり、自分には魂のきょうだいというものが存在したり、ときどき、あの世からこの世に生まれ変《か》わり、運命の人と出会ったりしています。

そのように、この世界は、とてもファンタスティック（幻想的《げんそう》）な世界なのです。そういう世界が現につくられているという新しい証拠《しょうこ》が、次々と出てくるでしょう。そして、私たちがこの地上で生きているということ自体が、本当に魔法《まほう》の時間を生きているかのように感じられるようになるでしょう。

真理をつかみ、悟《さと》った人は「死」も怖《こわ》くなくなる

たとえ病気が治ったとしても、いつかは寿命《じゅみょう》が尽《つ》き、この世を去らなければならないときが来ます。ただ、この世で真理をつかんだ人、悟《さと》った人にとっては、「死」さえも、「死ぬ」ということさえも、実は怖《こわ》くはないということが分かってくるでしょう。

実際に怖いのは、「自分が死んだらどうなるか」ということを、まったく考えもせずに生きてきた人たちです。

それでも、善良《ぜんりょう》な生き方ができていたならば、まだ救《すく》いは必《かなら》ずあるでしょうが、「この世限《かぎ》りだ」と思っていた人生が、実はそうではなく、「こんな生き方をしたら、あとで大変なことになる」ということに気づくのが遅《おそ》すぎたときには、やはり、厳《きび》しい試練《しれん》が出てくることになるでしょう。

これは簡単《かんたん》なことです。

昔話としては、たくさん聞いたことがあるでしょう。たとえ話で聞いたことがあると思っている人もいるかもしれません。高名《こうめい》な学者であっても、そのようなことは単なる比喩《ひゆ》だと思っている人が、大勢《おおぜい》いるのではないでしょうか。

仏教を勉強している人でも、そのなかから神秘《しんぴ》的なものをすべて取り除《のぞ》き、この世的にありそうなところだけを描《えが》く人もいます。

クリスチャンを名乗りながら、聖書《せいしょ》のなかに書かれている奇跡のところはすべて取り去って、それ以外の言葉だけを学んでいる人もいます。

しかし、そういうことがすべてではないのです。

やはり、奇跡というものは、いつの時代にもあるものなのです。誰もがその時代のなかを生きているということを知ってほしいと思います。

5 奇跡《きせき》を起こし、世界を変《か》えていく力

今までより「はるかに大きな力」を自覚《じかく》するとき

人間として生きている間には、幾《いく》つかの試練《しれん》に遭《あ》うこともあるでしょう。試練ではなくても、自分自身で目標《もくひょう》を高く掲《かか》げ、その目標を達成《たっせい》しようと努力《どりょく》することもあるでしょう。そのときには、とてもハードな気分を味わうことであろうと思います。

しかし、潜在的《せんざいてき》には、現在《げんざい》、自分自身では「このくらい」だと思っているものよりもはるかに大きな力が、実は、自分のなかに潜《ひそ》んでいるということを自覚《じかく》するときに、もう一段《いちだん》、変化《へんか》した自分に変《か》わることができます。

悲しみや苦しみと見えしことも、現実には、自《みずか》らの魂《たましい》を磨《みが》くためのやすりにしかすぎなかったということを知ることになるでしょう。

そして、自分が思っていたよりもはるかに高い境地《きょうち》まで、悟《さと》りを進めることもできると思います。

それでは、最終的《さいしゅう》に辿《たど》り着いてほしい境地とはどのようなものでしょうか。それを簡単《かんたん》なかたちで述《の》べましょう。

透明《とうめい》な心で生きる

一点目は、「できるだけ透明《とうめい》な心になっていただきたい」ということです。

この世の中で清《きよ》らかに生きるということは、バカげたことのように聞こえるかもしれません。「一円にもならないではないか」と言われるかもしれません。あるいは、「清らかに生きても、人に騙《だま》されるだけではないか。バカにされるだけではないか。この世では損《そん》をするではないか」と思う人もたくさんいると思います。

しかし、そうではありません。

「清らかに生きる」ということは、「心が透明になっていく」ということなのです。

心が透明になると、今まで見えなかったものが見えるようになります。天上界《てんじょうかい》の霊《れい》と同通し、この世の中にいる光の仲間《なかま》たちの存在《そんざい》が見えるようになるのです。

心の透明さを保《たも》つためには、毎日毎日、心の錆《さび》や垢《あか》を落としていくことが大事な修行《しゅぎょう》になると思います。

簡単なことではありますけれども、つまらないことだと思わないでください。今日一日を振《ふ》り返ったときに、「自分としては、この部分が少し足りなかった。この部分は、人に対して厳《きび》しいことを言ったかな。申し訳《わけ》ないことをしたかな。迷惑《めいわく》をかけたかな」と思ったならば、それを一つひとつ取り除《のぞ》く反省《はんせい》をしていくことが大事なのです。

そうしたことが心を磨くことになります。鏡《かがみ》の表面を磨くように、だんだん透明な心が出てきます。

そうすると、霊天上界の光が入ってくるようになります。この光が奇跡《きせき》を生んで、あなたがたの生きる力を倍化し、十倍化していくことになるでしょう。

これが、お願《ねが》いしたいことの第一点です。

愛《あい》を持って生きる

二点目は、「人間として生きている間に、愛《あい》を持って生きてください」ということです。

これは、きれいごとのように聞こえるかもしれませんが、人類《じんるい》がそれぞれに愛を持って生きることに努力するようになれば、この世は一歩一歩前進していくのです。よくなるしかないのです。

国籍《こくせき》の違《ちが》い、人種《じんしゅ》の違いがあります。宗教《しゅうきょう》の違いもあります。思想・信条《しんじょう》の違いもあります。それは当然《とうぜん》でしょう。

また、人間としての生き方の違い、職業《しょくぎょう》の違い、いろいろなものがあって、すべての人の考えが同じであるわけではありません。

しかし、それをあえて受け入れ、この地上に生まれてきているのです。大勢《おおぜい》の人がいろいろな考えを持って、切磋琢磨《せっさたくま》し、磨き合い、何十年かの人生を生きていくことになっているわけです。

互《たが》いの違いを超《こ》え、困難《こんなん》な壁《かべ》を乗り越《こ》えて、何とか共《とも》に生きていける時代を築《きず》いていくことが大事だと思います。

それを簡単な言葉で、「愛」といいます。

ただ、現代では、「愛」という言葉が勘違《かんちが》いされています。

どうしても、人から「奪《うば》う愛」や「もらう愛」になってしまい、それがもらえなかったときには、悲しみを抱《いだ》いたり、「何とかして復讐《ふくしゅう》したい」という気持ちになったりすることも多いのではないでしょうか。

しかし、「与《あた》える愛」を実践《じっせん》できる人が増《ふ》えていけば、この世は確実《かくじつ》にユートピア化していきます。

ほかにも収入《しゅうにゅう》を上げるとか、人間関係《かんけい》をよくするとか、会社で出世するとか、いろいろなことはあるでしょうが、そうしたことはあとからついてくるものなのです。

それよりも先に、与える愛の世界をつくるべく、努力していきましょう。

そのためには、一円も要《い》らないのです。

心のなかで自分の小さな発動機《はつどうき》を回して、「少しでも他の人々の役に立ちたい」

「優《やさ》しくありたい」「あの人によくなってもらいたい」という気持ちを持つことです。

「愛《あい》から祈《いの》り」が未来《みらい》を拓《ひら》く

祈《いの》っても実現しないということもあるかもしれません。

しかし、その祈りが本当の愛《あい》の行為《こうい》であるならば、その愛の行為は不滅《ふめつ》です。消えないのです。魂の記録《きろく》として、永遠《えいえん》に遺《のこ》るのです。

ですから、この世で成《な》すべきことを成しましょう。

その人が尊《とうと》いか尊くないかは、その人自身の行いによって決まります。その人自身の行いが、その人の身分を決め、その人の位置《いち》づけを決め、尊さを決めます。

しかし、それを超えて、さらに祈りを通して、「愛から祈り」が未来《みらい》を拓《ひら》くことになります。
祈りには、まだ実現しないものも含《ふく》まれています。
しかし、祈る人が多ければ、その方向に世界は動いていくでしょう。
そういう世界をつくるべく、今後も共に頑張《がんば》っていこうではありませんか。

あとがき

火をくぐり、水をくぐって、鎚打《つちう》たれた刀剣のように、本物の信仰が確立するには、苦難や試練を乗り越えてゆかねばならない。

高貴《こうき》なる義務を果たすためには、時には、名誉や地位や財産や人間関係、家族関係も捨てて、淡々《たんたん》とした心境を持ち続けねばならないこともある。

奇跡にたよらないで、失敗の山を踏み越えて、自分を鍛《きた》え抜いた者にだけ見える虹《にじ》もある。

「愛」か「執着《しゅうちゃく》」かのはざまで、冷静に一日一日を生き抜くことの厳しさよ。

鋼鉄のようであれ。しなやかに、かつ、迷わずの心でもって、闇《やみ》を打ち破れ。
今世《こんぜ》限りで刈《か》り入れが終わると思うな。

二〇一九年　十二月

幸福《こうふく》の科学《かがく》グループ創始者兼総裁《そうししゃけんそうさい》　大川隆法《おおかわりゅうほう》

本書は左記の法話をとりまとめ、加筆したものです。

第1章　繁栄を招くための考え方
二〇一八年十一月二十三日説法
幸福の科学 特別説法堂

第2章　原因と結果の法則
二〇一八年十一月十四日説法
東京都・幸福の科学総合本部

第3章　高貴なる義務を果たすために
二〇一八年五月三日説法
東京都・幸福の科学 東京正心館

第4章　人生に自信を持て
二〇一九年七月五日説法
福岡県・福岡国際センター

第5章　救世主の願い
二〇一九年四月二十九日説法
幸福の科学 特別説法堂

第6章　奇跡を起こす力
二〇一八年十二月十一日説法
千葉県・幕張メッセ国際展示場

明日を変える言葉1
『智慧の経営』
第1章「不況を乗り越えるための基本的な考え方」より

明日を変える言葉2
『ストロング・マインド』
第5章「ストロング・マインド」より

明日を変える言葉3
『経営と人望力』
第2章「経営が黒字であることの小さな喜び」より

明日を変える言葉4
『信仰の法』第6章「人類の選択」より

明日を変える言葉5
『君よ、涙の谷を渡れ。』
第5章「もう一段の信仰を」より

『鋼鉄の法』関連書籍

『太陽の法』（大川隆法 著　幸福の科学出版刊）
『成功の法』（同右）
『信仰の法』（同右）
『伝道の法』（同右）
『青銅の法』（同右）
『智慧の経営』（同右）
『ユートピアの原理』（同右）
『ストロング・マインド』（同右）
『経営と人望力』（同右）
『自分の国は自分で守れ』（同右）
『悟りの極致とは何か』（同右）
『愛は憎しみを超えて』（同右）

『日本の使命』（同右）
『リーダー国家 日本の針路』（同右）
『Love for the Future』（同右）
『Think Big!』（同右）
『司馬遼太郎　愛国心を語る』（同右）
『習近平守護霊　ウイグル弾圧を語る』（同右）
『守護霊インタビュー ドナルド・トランプ アメリカ復活への戦略』（同右）
『天御祖神の降臨』（同右）
絵本「パンダルンダ」シリーズ（大川紫央 著　同右）
『オウム真理教撲滅作戦！』（幸福の科学広報局 編　同右）

※左記は書店では取り扱っておりません。最寄りの精舎・支部・拠点までお問い合わせください。
『心の指針 第七集 幸福のしっぽ』（大川隆法 著　宗教法人幸福の科学刊）
『君よ、涙の谷を渡れ。』（同右）

鋼鉄《こうてつ》の法《ほう》　――人生をしなやかに、力強く生きる――

2020年1月1日　初版第1刷
2020年5月19日　第27刷

著　者　大《おお》川《かわ》隆《りゅう》法《ほう》

発行所　幸福の科学出版株式会社
〒107-0052 東京都港区赤坂2丁目10番8号
TEL(03)5573-7700
https://www.irhpress.co.jp/

印刷　株式会社 研文社
製本　株式会社 ブックアート

落丁・乱丁本はおとりかえいたします

ISBN978-4-8233-0134-6 C0014

カバー zffoto ／ p.21 sutadimage ／ p.72,73 -strizh- ／ p.74,75 cobalt88
p.77 christographerowens ／ p.138,139 rdonar ／ p.140,141 Juliana Darsavelidze
p.143 ImageFlow ／ p.198,199 luckypic ／ p.201 norinori303 ／ p.203 Anton Balazh
p.260,261 Isaryn ／ p.262,263 Song_about_summer ／ p.265 IM_photo ／ p.302,303 djgis
p.304,305 Isaryn ／ p.306,307 Subbotina Anna ／ p.309 shinnji
以上、shutterstock.com
装丁・イラスト・写真（上記・パブリックドメインを除く）© 幸福の科学

大川隆法 法シリーズ・人生の目的と使命を知る《基本三法》

太陽の法

エル・カンターレへの道

創世記や愛の段階、悟りの構造、文明の流転を明快に説き、主エル・カンターレの真実の使命を示した、仏法真理の基本書。14言語に翻訳され、世界累計1000万部を超える大ベストセラー。

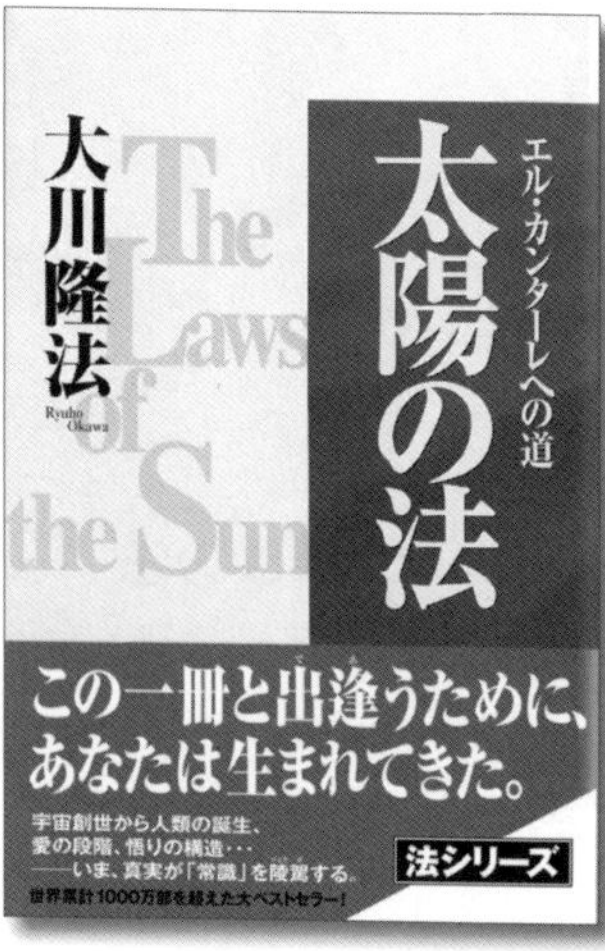

第１章　太陽の昇る時
第２章　仏法真理は語る
第３章　愛の大河
第４章　悟りの極致
第５章　黄金の時代
第６章　エル・カンターレへの道

2,000円

黄金の法

エル・カンターレの歴史観

歴史上の偉人たちの活躍を鳥瞰しつつ、隠されていた人類の秘史を公開し、人類の未来をも予言した、空前絶後の人類史。

2,000円

永遠の法

エル・カンターレの世界観

『太陽の法』（法体系）、『黄金の法』（時間論）に続いて、本書は、空間論を開示し、次元構造など、霊界の真の姿を明確に解き明かす。

2,000円

※表示価格は本体価格（税別）です。

大川隆法ベストセラーズ・法シリーズ

青銅の法

人類のルーツに目覚め、愛に生きる

限りある人生のなかで、永遠の真理をつかむ——。地球の起源と未来、宇宙の神秘、そして「愛」の持つ力が明かされる。

2,000円

信仰の法

地球神エル・カンターレとは

さまざまな民族や宗教の違いを超えて、地球をひとつに——。文明の重大な岐路に立つ人類へ、「地球神」からのメッセージ。

2,000円

伝道の法

人生の「真実」に目覚める時

人生の悩みや苦しみはどうしたら解決できるのか。世界の争いや憎しみはどうしたらなくなるのか。ここに、ほんとうの「答え」がある。

2,000円

大川隆法 ベストセラーズ・繁栄マインドを身につける

成功の法

真のエリートを目指して

愛なき成功者は、真の意味の成功者ではない。個人と組織の普遍の成功法則を示し、現代人への導きの光となる、勇気と希望の書。

1,800円

心が豊かになる法則

幸福とは猫のしっぽのようなもの――「人格の形成」と「よき習慣づくり」をすれば、成功はあとからついてくる。人生が好転する必見のリバウンド法。

1,500円

繁栄思考

無限の富を引き寄せる法則

豊かになるための「人類共通の法則」が存在する――。その法則を知ったとき、あなたの人生にも、繁栄という奇跡が起きる。

2,000円

※表示価格は本体価格(税別)です。

大川隆法ベストセラーズ・仕事と人生の付加価値を高める

心に目覚める

AI時代を生き抜く「悟性」の磨き方

AIや機械には取って代わることのできない「心」こそ、人間の最後の砦――。感情、知性、理性、意志、悟性など、普遍的な「心の総論」がここに。

1,500円

創造的人間の秘密

あなたの無限の可能性を引き出し、AI時代に勝ち残る人材になるための、「創造力」「知的体力」「忍耐力」の磨き方が分かる一冊。

1,600円

凡事徹底と静寂の時間

現代における〝禅的生活〟のすすめ

忙しい現代社会のなかで〝本来の自己〟を置き忘れていないか?「仕事能力」と「精神性」を共に高める〝知的生活のエッセンス〟が明かされる。

1,500円

幸福の科学出版

大川隆法 ベストセラーズ・目に見えない世界の真実

あなたの知らない地獄の話。

天国に還るために今からできること

無頼漢、土中、擂鉢《すりばち》、畜生、焦熱、阿修羅、色情、餓鬼、悪魔界──、現代社会に合わせて変化している地獄の最新事情とその脱出法を解説した必読の一書。

1,500円

新しい霊界入門

人は死んだらどんな体験をする?

あの世の生活って、どんなもの? すべての人に知ってほしい、最先端の霊界情報が満載の一書。渡部昇一氏の恩師・佐藤順太氏の霊言を同時収録。

1,500円

霊的世界のほんとうの話。

スピリチュアル幸福生活

36問のQ&A形式で、目に見えない霊界の世界、守護霊、仏や神の存在などの秘密を解き明かすスピリチュアル・ガイドブック。

1,400円

※表示価格は本体価格(税別)です。

大川隆法 霊言シリーズ・緊迫する世界情勢を読む

イギリス・イランの転換点について

英語霊言 英日対訳

ジョンソン首相・ロウハニ大統領・ハメネイ師・トランプ大統領守護霊の霊言

ＥＵ離脱でイギリスは復活するのか？　米とイランの和解はあるのか？　各国の首脳に本心を訊く！　安倍首相・グレタ氏守護霊、ガイアの霊言を同時収録。

1,400円

自由のために、戦うべきは今

習近平 vs. アグネス・チョウ守護霊霊言

今、民主化デモを超えた「香港革命」が起きている。アグネス・チョウ氏と習近平氏の守護霊霊言から、「神の正義」を読む。天草四郎の霊言等も同時収録。

1,400円

「日露平和条約」を決断せよ

メドベージェフ首相＆プーチン大統領守護霊メッセージ

「北朝鮮・中国の核兵器を無力化できる」。ロシアの２トップが、失敗続きの安倍外交に最終提案。終結していない戦後の日露、今がラストチャンス！

1,400円

※表示価格は本体価格（税別）です。

幸福の科学グループのご案内

宗教、教育、政治、出版などの活動を通じて、地球的ユートピアの実現を目指しています。

幸福の科学

一九八六年に立宗。信仰の対象は、地球系霊団の最高大霊、主エル・カンターレ。世界百カ国以上の国々に信者を持ち、全人類救済という尊い使命のもと、信者は、「愛」と「悟り」と「ユートピア建設」の教えの実践、伝道に励んでいます。

（二〇二〇年四月現在）

愛

幸福の科学の「愛」とは、与える愛です。これは、仏教の慈悲《じひ》や布施《ふせ》の精神と同じことです。信者は、仏法真理をお伝えすることを通して、多くの方に幸福な人生を送っていただくための活動に励んでいます。

悟り

「悟り」とは、自らが仏の子であることを知るということです。教学《きょうがく》や精神統一によって心を磨き、智慧《ちえ》を得て悩みを解決すると共に、天使・菩薩《ぼさつ》の境地を目指し、より多くの人を救える力を身につけていきます。

ユートピア建設

私たち人間は、地上に理想世界を建設するという尊い使命を持って生まれてきています。社会の悪を押しとどめ、善を推し進めるために、信者はさまざまな活動に積極的に参加しています。

国内外の世界で貧困や災害、心の病で苦しんでいる人々に対しては、現地メンバーや支援団体と連携して、物心両面にわたり、あらゆる手段で手を差し伸べています。

年間約２万人の自殺者を減らすため、全国各地で街頭キャンペーンを展開しています。

公式サイト **www.withyou-hs.net**

ヘレン・ケラーを理想として活動する、ハンディキャップを持つ方とボランティアの会です。視聴覚障害者、肢体不自由な方々に仏法真理を学んでいただくための、さまざまなサポートをしています。

公式サイト **www.helen-hs.net**

入会のご案内

幸福の科学では、大川隆法総裁が説く仏法真理《ぶっぽうしんり》をもとに、「どうすれば幸福になれるのか、また、他の人を幸福にできるのか」を学び、実践しています。

入会

仏法真理を学んでみたい方へ

大川隆法総裁の教えを信じ、学ぼうとする方なら、どなたでも入会できます。入会された方には、『入会版「正心法語《しょうしんほうご》」』が授与されます。

ネット入会 入会ご希望の方はネットからも入会できます。
happy-science.jp/joinus

三帰《さんき》誓願《せいがん》

信仰をさらに深めたい方へ

仏弟子としてさらに信仰を深めたい方は、仏《ぶっ》・法《ぽう》・僧《そう》の三宝《さんぽう》への帰依を誓う「三帰誓願式」を受けることができます。三帰誓願者には、『仏説・正心法語』『祈願文《きがんもん》①』『祈願文②』『エル・カンターレへの祈り』が授与されます。

幸福の科学 サービスセンター
TEL 03-5793-1727
（受付時間／火～金：10～20時 土・日祝：10～18時（月曜を除く））

幸福の科学 公式サイト
happy-science.jp

ハッピー・サイエンス・ユニバーシティ
Happy Science University

ハッピー・サイエンス・ユニバーシティとは

ハッピー・サイエンス・ユニバーシティ（HSU）は、大川隆法総裁が設立された「現代の松下村塾」であり、「日本発の本格私学」です。建学の精神として「幸福の探究と新文明の創造」を掲げ、チャレンジ精神にあふれ、新時代を切り拓く人材の輩出を目指します。

人間幸福学部　経営成功学部　未来産業学部

HSU長生キャンパス　TEL **0475-32-7770**
〒299-4325　千葉県長生郡長生村一松丙 4427-1

未来創造学部

HSU未来創造・東京キャンパス
TEL **03-3699-7707**
〒136-0076　東京都江東区南砂2-6-5　公式サイト **happy-science.university**

学校法人 幸福の科学学園

学校法人 幸福の科学学園は、幸福の科学の教育理念のもとにつくられた教育機関です。人間にとって最も大切な宗教教育の導入を通じて精神性を高めながら、ユートピア建設に貢献する人材輩出を目指しています。

幸福の科学学園
中学校・高等学校（那須本校）
2010年4月開校・栃木県那須郡（男女共学・全寮制）
TEL **0287-75-7777**　公式サイト **happy-science.ac.jp**

関西中学校・高等学校（関西校）
2013年4月開校・滋賀県大津市（男女共学・寮及び通学）
TEL **077-573-7774**　公式サイト **kansai.happy-science.ac.jp**

仏法真理塾「サクセスNo.1」

全国に本校・拠点・支部校を展開する、幸福の科学による信仰教育の機関です。小学生・中学生・高校生を対象に、信仰教育・徳育にウエイトを置きつつ、将来、社会人として活躍するための学力養成にも力を注いでいます。

TEL 03-5750-0751（東京本校）

エンゼルプランV　TEL 03-5750-0757

幼少時からの心の教育を大切にして、信仰をベースにした幼児教育を行っています。

不登校児支援スクール「ネバー・マインド」　TEL 03-5750-1741

心の面からのアプローチを重視して、不登校の子供たちを支援しています。

ユー・アー・エンゼル！（あなたは天使！）運動

一般社団法人 ユー・アー・エンゼル　TEL 03-6426-7797

障害児の不安や悩みに取り組み、ご両親を励まし、勇気づける、障害児支援のボランティア運動を展開しています。

NPO活動支援

いじめから子供を守ろうネットワーク

学校からのいじめ追放を目指し、さまざまな社会提言をしています。また、各地でのシンポジウムや学校への啓発ポスター掲示等に取り組む一般財団法人「いじめから子供を守ろうネットワーク」を支援しています。

公式サイト mamoro.org　ブログ blog.mamoro.org

相談窓口 TEL.03-5544-8989

百歳まで生きる会

「百歳まで生きる会」は、生涯現役人生を掲げ、友達づくり、生きがいづくりをめざしている幸福の科学のシニア信者の集まりです。

シニア・プラン21

生涯反省で人生を再生・新生し、希望に満ちた生涯現役人生を生きる仏法真理道場です。定期的に開催される研修には、年齢を問わず、多くの方が参加しています。全世界212カ所（国内197カ所、海外15カ所）で開校中。

【東京校】TEL 03-6384-0778　FAX 03-6384-0779

メール senior-plan@kofuku-no-kagaku.or.jp

幸福実現党

幸福実現党 釈量子サイト **shaku-ryoko.net**
Twitter **釈量子@shakuryoko**で検索

内憂外患《ないゆうがいかん》の国難に立ち向かうべく、2009年5月に幸福実現党を立党しました。創立者である大川隆法党総裁の精神的指導のもと、宗教だけでは解決できない問題に取り組み、幸福を具体化するための力になっています。

党の機関紙
「幸福実現NEWS」

幸福実現党 党員募集中

あなたも幸福を実現する政治に参画しませんか。

○幸福実現党の理念と綱領、政策に賛同する18歳以上の方なら、どなたでも参加いただけます。
○党費：正党員（年額5千円［学生 年額2千円］）、特別党員（年額10万円以上）、家族党員（年額2千円）
○党員資格は党費を入金された日から1年間です。
○正党員、特別党員の皆様には機関紙「幸福実現NEWS（党員版）」（不定期発行）が送付されます。

＊申込書は、下記、幸福実現党公式サイトでダウンロードできます。
住所：〒107-0052　東京都港区赤坂2-10-8 6階 幸福実現党本部
TEL **03-6441-0754**　FAX **03-6441-0764**
公式サイト **hr-party.jp**

出版 メディア 芸能文化 幸福の科学グループ

幸福の科学出版

大川隆法総裁の仏法真理の書を中心に、ビジネス、自己啓発、小説など、さまざまなジャンルの書籍・雑誌を出版しています。他にも、映画事業、文学・学術発展のための振興事業、テレビ・ラジオ番組の提供など、幸福の科学文化を広げる事業を行っています。

アー・ユー・ハッピー?
are-you-happy.com

ザ・リバティ
the-liberty.com

幸福の科学出版
TEL **03-5573-7700**
公式サイト **irhpress.co.jp**

THE FACT

ザ・ファクト
マスコミが報道しない「事実」を世界に伝えるネット・オピニオン番組

ザ・ファクト 検索

NEW STAR PRODUCTION

ニュースター・プロダクション

「新時代の美」を創造する芸能プロダクションです。多くの方々に良き感化を与えられるような魅力あふれるタレントを世に送り出すべく、日々、活動しています。 公式サイト **newstarpro.co.jp**

ARI Production

ARI《アリ》 Production《プロダクション》

タレント一人ひとりの個性や魅力を引き出し、「新時代を創造するエンターテインメント」をコンセプトに、世の中に精神的価値のある作品を提供していく芸能プロダクションです。 公式サイト **aripro.co.jp**

大川隆法　講演会のご案内

大川隆法総裁の講演会が全国各地で開催されています。講演のなかでは、毎回、「世界教師」としての立場から、幸福な人生を生きるための心の教えをはじめ、世界各地で起きている宗教対立、紛争、国際政治や経済といった時事問題に対する指針など、日本と世界がさらなる繁栄の未来を実現するための道筋が示されています。

2019年12月17日 さいたまスーパーアリーナ「新しき繁栄の時代へ」

2019年10月6日 ザ ウェスティン ハーバーキャッスル トロント(カナダ)「The Reason We Are Here」

2019年7月5日 福岡国際センター「人生に自信を持て」

2019年3月3日 グランド ハイアット 台北(台湾)「愛は憎しみを超えて」

2019年7月13日 ホテル イースト21 東京「幸福への論点」

講演会には、どなたでもご参加いただけます。
最新の講演会の開催情報はこちらへ。⟹ 大川隆法総裁公式サイト https://ryuho-okawa.org